SINERGIA

Haciendo Iglesia como Equipo

APÓSTOL DR. PEDRO RAFAEL OSORIO

Editor:
Lemuel González • Crossover Church RIAR
Springfield, MA. EE.UU.

Edición:
Dra. Abigail Ortiz Romero

Diseño gráfico y diagramación:
Félix Gabriel Rodríguez • IAR, Río Grande, PR
strongdigitalagency.com

Publicado por Editorial U.A.R.
Universidad Apostólica Renovación
Springfield, MA. EE.UU.

ISBN: 978-0-9841009-5-8
Impreso en los Estados Unidos de América

CONTENIDO

AGRADECIMIENTOS

Quiero agradecer en primer lugar a Lemuel González mi querido yerno como editor de este libro y de todos los anteriores. Gracias por tu tiempo, esfuerzo y la excelencia que describe tu trabajo y tu vida.

A Felix Gabriel un artista gráfico e hijo espiritual de IAR Río Grande, Puerto Rico. Gracias por tus diseños tanto de mi libro *Desatando el nuevo sonido de gloria* y este nuevo libro *Sinergia "Haciendo iglesia* como equipo. Sé que vienen muchos logros y avance para ti y tu compañía.

De igual forma a la Dra. Abigail, otra hija espiritual de IAR Río Grande, Puerto Rico donde pastoreo. Gracias por tu tiempo y esfuerzo en revisar todo el manuscrito. Todos hemos formado un gran equipo.

Por último, pero no menos importante a mi esposa Loyda por permitirme usar tanto tiempo para escribir y revisar el manuscrito. Fueron muchas horas en la cual me encerré en mi oficina para trabajar en el manuscrito. Gracias por tu paciencia en todos estos años de ministerios.

Excelente esposa, amiga, y vigía. Tus observaciones y opiniones son siempre bien recibidas y acertadas. Formamos un buen equipo sinérgico: 47 de casados y 43 de ministerio y aun vamos por más.

Doy gracias a Dios por permitirme escribir este libro que fue el resultado de un curso dado en la Universidad Apostólica Renovación. Este curso se ofreció no solo en las iglesias RIAR[1] de los Estados Unidos de América, pero en los campus UAR[2] de nuestras iglesias en Argentina, Perú, República Dominicana y en Puerto Rico. El testimonio de todos los pastores coincide que fue de gran ayuda al liderazgo de sus iglesias.

Gracias a Dios también por mis hijos Rafael Luis y Chaquira, pastores principales de Crossover Church RIAR Springfield y a mi hija Idaelis que junto a su esposo Lemuel son pastores ayudantes en Crossover Church. Doy gracias al Señor también por mis seis nietas: Kiana Liz, Victoria Eunice, Sofia Elizabeth, Aria Jael, Alexandria Karina y Aleena Lara. Los amo a todos. Vamos por más.

Agosto 19, 2020, Wilbraham, Ma. EE.UU.

---

[1] RIAR: Red Internacional Apostólica Renovación, Springfield Ma. EE. UU.

[2] UAR Universidad Apostólica Renovación, Springfield, Ma. EE. UU.

DEDICATORIA

Quiero dedicar este mi quinto libro a el Dr. Apóstol Alberto Guerrero. Junto a su esposa Lucy son los presidentes fundadores de la Red Apostólica RAMR con sede en Chicago, Illinois. Ellos han plantado varias iglesias y actualmente pastorea la iglesia Betel en Chicago, Illinois. A través de la red da cobertura y paternidad espiritual a muchos pastores y líderes de los Estados Unidos de América y otras naciones. Esto incluye a mi persona, desde que el Señor me movió a lo apostólico. Han sido mis cobertura y padres espirituales.

El apóstol Guerrero refleja a través de su personalidad y su estilo de liderazgo el factor de la sinergia. Es un facilitador, un entrenador, un padre, un pastor, un colaborador, un amigo. El no busca reconocimiento o protagonismo con su relación con los pastores e hijos espirituales bajo su cobertura. Al contrario, los apodera, enseña, corrige y posiciona. Es un gran maestro, una persona amable, y con un gran humor.

Agradezco todo lo que me ayudó en mi transición de lo denominacional y lo pastoral a lo apostólico. A través de todos estos años, ha viajado a Springfield para ser parte de nuestros congresos apostólicos y proféticos, y trabajar con el liderazgo emergente y con mi persona. Fueron muchos los consejos y enseñanzas que recibí. Doy gracias por el tiempo que invirtió para escucharme, las diferentes puertas que me abrió para seguir adelante y las invitaciones para predicar en sus iglesias. Fui bendecido y edificado a través de su modelaje de lo que implica ser un hombre de Dios y un apóstol.

En todos estos años pudimos hacer iglesia como equipo, vivir y experimentar en mi vida y ministerio que mejor son dos que uno, y que la sinergia es real, y se puede activar a lo largo de nuestras vidas y ministerios.

Gracias y muchas bendiciones Apóstoles Alberto y Lucy por su inversión en la vida de Loyda, mis hijos naturales, mis hijos espirituales, las iglesias RIAR y mi persona. Realmente el esfuerzo combinado puede más que el esfuerzo individual. Amén.

PRÓLOGO

Este libro es el resultado de una ardua investigación en el ámbito bíblico y ministerial. Es un instrumento necesario para el líder de hoy. Los avances y demandas de este siglo exigen que los líderes ostenten la mayor capacitación y si fuera posible, la perfección. No existe garantía de que un equipo destaque siempre porque el líder sea de tal modo. Hace falta un equipo que siga la visión y no solamente sus propias ideas. Cuestionémonos entonces para quién trabajamos y si el Señor está satisfecho con nuestro quehacer. Tanto, así como para decirnos en aquel día: Bien, buen siervo y fiel; sobre poco has sido fiel, sobre mucho te pondré; entra en el gozo de tu señor (Mateo 25: 23). De esto trata este libro, de no perder en ninguna circunstancia nuestra parte en el anhelo de Dios.

Se dice que para extraer valiosas piedras preciosas hay que trabajar mucho. Luego, para exhibir sus quilates la tarea se vuelve más minuciosa. Tienes en tus manos el equivalente. Del mismo lograrás extraer cada enseñanza de manera sencilla para aplicarlo al ministerio o labor en el que Dios te colocó si fuese utilizado como módulos de formación y capacitación.

La Biblia presenta innumerables ejemplos donde se observa que el triunfo en una misión se le atribuye a la sinergia. Una vez comprendido esto lograrás identificar el momento específico en que como líder llamarás a tu equipo a unirse a dicha visión sinérgica. Más aun, el Apóstol Osorio evidencia mediante la Palabra de Dios tales ejemplos. Mientras va identificando distintas fases que podrán llevarte a tener victorias o a reconocer derrotas del pasado para que en lo sucesivo avances hacia el propósito.

Los ocho capítulos de este libro revelan tanto la función del líder como el carácter que debe manifestar un seguidor cuya meta es progresar. Serlo en la actualidad o no serlo no te exime de la responsabilidad ante el Padre de comprender cuál es la conducta de ti se espera. No puede serse solo un espectador crítico, no hay derecho. Las demandas del cielo desde el principio reclaman obreros y manos que, aunque no sean perfectas, sí se espera que estén dispuestas y comprometidas a la visión revelada por el Padre.

Queda asegurado que al ir avanzando en la lectura de este libro darás pasos hacia el autoanálisis, pero también a la planificación. Sin embargo, no serás el mismo que antes porque expondrá de ti tus talentos, lealtades, compromiso, carácter, mentalidad, actitudes, visión y te ayudarán a entender a la autoridad que sigues de una mejor manera.

Abigaíl Ortiz Romero, Ph. D.
IAR Río Grande, P.R.

INTRODUCCIÓN

Este libro nació como parte de un curso de UAR que primeramente se ofreció a las iglesias RIAR en los EE. UU. Por nueve meses enseñe sobre el factor sinergia. A través de este me di cuenta de que lo que la medicina había descubierto al principio de los 1900, estaba ya en las escrituras desde el primer libro. Ya el sabio rey Salomón lo había dicho siglos antes cuando escribió: Dos son mejor que uno.

Creo que este libro es relevante en esta hora donde la sociedad post moderna se distingue más por el individualismo rampante y el protagonismo desmedido. Tendencia que ha contaminado a la iglesia de esta era, por lo cual se hace cada día más difícil hacer iglesia como un equipo. No es de extrañar el poco avance de la visión, y aun la calidad de lo que hacemos como iglesia, ante el fenómeno del individualismo, el protagonismo y la competencia.

Sinergia como vamos a ver se trata de integración, unidad, acuerdo, para llevar a cabo la visión y el plan de trabajo. Como bien lo dijo el pastor Corderio es el esfuerzo combinado que puede más que el esfuerzo individual. De igual forma lo declaró Moisés en Levítico 26:8 que dice que cinco pueden hacer huir a cien, pero cien pueden hacer huir miles. Poderoso.

Mi objetivo al escribir este libro es que los pastores y líderes de esta era podamos transicional de grupitos, bandos, guerrillas para ser un gran equipo.

Que podamos dejar la entropía (energía negativa que se pierde) para movernos en integración (energía positiva que se maximiza) Y así podamos dejar atrás la idea de hacer ministerio solos, separados y enemistados. Que imitemos a Moisés, Nehemías, David, Pablo y al mismo Jesús, que formaron equipos sinérgicos para realizar su misión.

La sinergia es posible, hacer iglesia como equipo es posible, hagámoslo. Ciertamente podremos más juntos, el trabajo será de mayor calidad y se hará en menos tiempo. Dos son mejor que uno.

Apóstol Dr. Rafael Osorio
Verano 2020

C1
EQUIPO

Un número de personas con habilidades diferentes,
que se comprometen y se unen
para alcanzar un propósito común.
John Maxwell

Creo que todos estamos en acuerdo que trabajar en equipo es clave para el avance de cualquier grupo, institución y empresa. Sin embargo, decirlo es más fácil que lograrlo. Estoy en acuerdo con el escritor de liderazgo John Maxwell cuando dice:

"El real desafío del líder no es poner a la gente a trabajar ni lograr que trabajen fuerte, el reto consiste en ponerlos a trabajar fuerte en equipo".

Hay una gran diferencia entre trabajar, trabajar fuerte y trabajar fuerte en equipo. Hay una exigencia mayor para lograr que los miembros de un grupo puedan dejar a un lado sus diferencias, gustos, estilos y poder trabajar de manera corporativa. Conozco muchas personas muy capaces pero inhabilitadas para trabajar con otros. Como bien dice el salmo 133, no es solo estar juntos, pero estar juntos y en armonía. (en acuerdo, en equipo)

Comencemos definiendo lo que es un equipo.

Podemos definir a un equipo como un número de personas con habilidades diferentes, que se comprometen, se unen para alcanzar un propósito común. (realizar la visión del equipo) En esa definición vemos tres elementos claves: talentos, compromiso y visión. Procederé a compartir algunos datos importantes sobre estos tres elementos y más adelante apartaré un capítulo exclusivo para cada uno de ellos. Es obvio que la visión es el elemento clave y aglutinador de cada equipo, pero quiero iniciar con talentos y compromiso.

a. Talentos- Habilidades

En primer lugar, un buen equipo estará formado por personas con diversos talentos, habilidades y en nuestro caso con dones espirituales. Podemos decir que habilidad es la capacidad, disposición, gracia y destreza con que las personas ejecutan ciertas tareas (se le llama también sus áreas fuertes). Esas tareas que son difíciles y complicadas de realizar, pero cuando la ejecuta una persona con habilidad la hace ver fácil.

Parte del nivel de efectividad que tendrá el equipo estará ligado a sus habilidades con la tarea delegada. Hay una gran diferencia cuando se coloca una persona con el talento que parea con la responsabilidad versus una persona que carezca de la habilidad para ejecutarla con eficacia.

En resumen: Un equipo se beneficiaría grandemente, si en cada posición tuviera personas capaces de entender y desempeñarse con gracia y destreza.

b. Compromiso

En segundo lugar, un buen equipo estará compuesto de personas de diferentes habilidades, pero comprometidos con la visión del equipo. Compromiso habla de estabilidad, de estar plantado, habla de firmeza y madurez. Este punto es clave porque vivimos en una era donde el compromiso está a punto de extinción. Habilidades sin compromiso es peligroso, porque no tenemos garantía de que el miembro del equipo permanecerá, o si realmente le interesa el bienestar del equipo o el suyo. Una de las cosas que distinguió a Rut la moabita, fue su compromiso completo con su suegra Noemí. Teniendo la opción de abandonarla y volver a su nación y familia, decidió cumplir su voto, su promesa: "No me pidas que te deje, porque no te dejaré." Sin compromiso podemos perder el nivel de continuidad y excelencia.

En resumen: Un buen equipo estará compuesto de personas de diferentes habilidades que a su vez están comprometidos con la visión del equipo.

c. Visión

En tercer lugar, lo que distingue a un buen equipo es que tiene una visión clara, definida, medible, específica, que se traduce en un plan de acción viable. Es algo poderoso cuando los miembros del equipo no solo tienen habilidades y compromiso, pero conocen y apoyan la visión. Es poderoso cuando se han comprometido a usar sus habilidades para trabajar juntos y alcanzar la visión y no sus propios sueños. La visión nos apodera y capacita de forma única. Hay una gran diferencia cuando una persona trabaja realizando una tarea solo porque se le paga para realizarla, a una persona que hace la misma función, recibiendo la misma paga, pero tiene la visión total del proyecto, donde su corazón está comprometido.

En resumen: Un buen equipo necesita que los miembros talentosos y comprometidos conozcan y respalden la visión.

¿Son los miembros de tu equipo personas talentosas, de compromiso, que conoces y apoyan la visión del mismo? ¿Tienen mentalidad de equipo, saben trabajar en sinergia?

C2

TALENTOS

Pero a cada uno le es dada la manifestación
del Espíritu para provecho.
Apóstol Pablo

El primer elemento clave en la formación de un buen equipo son los talentos. No es el más importante, pero es parte del criterio que se busca en el proceso de reclutar alguien para una tarea. Un buen equipo estará formado por personas con diversos talentos, habilidades, y en nuestro caso con dones espirituales. El equipo se va formando, reclutando personas talentosas. Personas que tienen cierta habilidad, capacidad, disposición, gracia y destreza a la hora de ejecutar ciertas tareas. Ese talento lo hace apto, capaz para realizar una determinada ocupación con efectividad. Este criterio de seleccionar gente talentosa es importante porque parte del nivel de efectividad del equipo estará ligado a sus habilidades.

Hay una gran diferencia cuando se coloca una persona con el talento que parea con la responsabilidad versus una persona que carezca de la habilidad para ejecutarla. Esto trae un gran peso a la hora de reclutar el personal del equipo y una gran responsabilidad cuando aceptamos la posición. Definitivamente los miembros de un gran equipo deben ser personas talentosas. Diversidad y variedad es clave a la hora de formar un equipo. Necesitamos especialistas en las diferentes áreas que involucran la realización de la visión del equipo.

Siguiendo la analogía del cuerpo que usa el apóstol Pablo seria problemático que todos fuéramos el mismo miembro del cuerpo en vez de que cada cual ocupara su lugar específico como parte del cuerpo. O como diría Nehemías el restaurador: "Todos al muro, pero cada uno a su tarea." (Parte del problema de la iglesia de hoy, es que en su gran mayoría los miembros están enamorados de los dones de altar y no necesariamente del don que tienen.)

Cuando examinamos la visión y misión de la iglesia de hoy (en esta era post moderna donde la tecnología sigue avanzando) nos damos cuenta de que la visión, si va a ser de impacto en esta era, necesitará un personal especializado. Esto es: gente que sea "experto" en el área asignada. Cada día la misión es más compleja para la iglesia de este siglo.

La iglesia de hoy está retada por la tecnología y el estilo de vida de las familias. Años atrás la iglesia no tenía que trabajar con internet, satélite, proyectores, computadoras, consolas de sonido digital, grabaciones, redes sociales, programas de radio, de televisión, con una gama de diferentes instrumentos musicales que funcionan como una mini orquesta y un equipo de adoración entre muchas otras cosas.

En mi tiempo de niñez y juventud había un hermano que coordinaba el "devocional" escogía los himnos, y los dirigía acompañado de una guitarra o un piano, con un solo micrófono. No había una banda, ni un equipo de adoradores, ni consola, ni proyector opaco, ni computadoras. (¡Qué tiempos aquellos!)

Ahora hay que lidiar con nuevos equipos de comunicación, promoción, nuevas formas de administrar, archivar documentos y contabilidad. Muchas iglesias tienen ahora personal administrativo y tesorería a tiempo completo. También hay que trabajar con las leyes del país que rige las iglesias, y la pastoral. Se necesitan permisos para operar el edificio, seguros de propiedad, manejo de la nómina, y hasta tener una firma de abogados que represente y ayuda a la iglesia en cuestiones legales y aun posibles demandas.

Todo esto exige que los miembros del equipo tengan conocimiento, habilidades y experiencias que van más allá del trabajo voluntario. No es suficiente que los miembros deseen trabajar, se necesita que tengan las habilidades, conocimiento y capacitación necesaria. Recordemos la definición de talento: es una persona inteligente (capaz de entender) y apta (capaz de desempeñarse) para realizar una determinada ocupación o tarea con efectividad.

David

El principio del talento lo vemos cuando David fue reclutado por el rey Saúl como ser su músico personal. Vea 1 Samuel 16:17-18.

> Y Saúl respondió a sus criados: Buscadme, pues, ahora **alguno que toque bien**, y traédmelo. Entonces uno de los criados respondió diciendo: He aquí yo he visto a un hijo de Isaí de Belén, **que sabe tocar**, y es valiente y vigoroso y hombre de guerra, prudente en sus palabras, y hermoso, y Jehová está con él.

Al rey Saúl le dieron las referencias del joven músico David, una de ellas fue que sabía tocar. No estaban buscando un músico, pero un buen músico. Uno que tuviera el talento, la habilidad y el dominio del instrumento. Cualquiera puede tocar, pero saber tocar es otro nivel. Saber tocar exige más que tener el talento, exige práctica, dedicación, disciplina. El talento te lleva a un nivel, pero cuando al talento se le añade práctica y disciplina ese talento va a otro nivel de efectividad. La diferencia entre mediocridad y excelencia es talento pulido. yikes.

A lo largo de mi ministerio como maestro y pastor he conocido muchas personas talentosas pero que nunca alcanzaron el máximo de su potencial por su falta de dedicación y disciplina respecto a su talento y don. A la vez conocí otros que su talento no era excepcional pero su práctica, dedicación y disciplina lo llevaron a superar a los que tenían un talento mayor que ellos. Muchas veces la efectividad del equipo es afectada porque muchos de sus miembros ocupan posición para la cual no tienen el talento y la gracia, están en la posición, pero "no saben tocar bien."

Desconocimiento

He aquí uno de los grandes retos de los miembros de nuestras iglesias: Poder conocer cuáles son sus habilidades y dones espirituales. ¿Cómo podemos hacer iglesias como equipo, si la gran mayoría de los potenciales miembros del equipo desconocen cuál es su gracia, sus dones y talentos naturales? Creo que el problema de la iglesia no radica en la ausencia de miembros con talentos y dones. Vemos que la palabra nos dice que el Señor nos ha da ya dones espirituales para que realicemos la misión que se nos ha encomendado. Vea 1 Corintios 12:7 y 11.

Pero a cada uno le es dada la manifestación del Espíritu para provecho.

Pero todas estas cosas las hace uno y el mismo Espíritu, repartiendo a cada uno en particular como él quiere.

El Espíritu ha repartido a cada uno, esto significa que Dios le ha dado a cada creyente un potencial, sin excepción, a cada uno. Nadie puede excusarse diciendo que no tiene habilidades ni dones. El más grande potencial de cada ciudad no solo está en las escuelas y colegios, está también en las iglesias, congregándose cada domingo bajo un mismo techo. Esto es poderoso: Cada creyente en Cristo sea joven, adulto o anciano, si es creyente ha recibido la manifestación del Espíritu, a cada uno el Espíritu les ha repartido dones y talentos como él ha querido.

El real problema no es de ausencia de un personal dotado, es un problema de conocimiento. (ignorancia) Tristemente la gran mayoría de los miembros de la iglesia no saben cuáles son sus dones y el potencial dado por Dios. El reto que enfrentamos como líderes es ayudar a los futuros miembros de nuestro equipo a discernir y descubrir los talentos y dones recibidos. El próximo paso sería ayudarlos a perfeccionar esos dones y talentos (que incluye su vida espiritual) y luego posicionarlos según esos dones en el equipo a fin de ejecutar la visión. Pasos importantes:

Revelación, Reclutamiento, Perfección y Posicionamiento.

Gedeón y Jeremías

La ignorancia no es buena amiga. Nadie puede usar ni maximizar lo que no conoce. Esto fue lo que le pasó al caudillo Gedeón y al joven profeta Jeremías.

Gedeón y el profeta Jeremías quedaron sorprendidos ante el llamado de Dios. Cuando el Señor les reveló el llamado, ellos protestaron dejándole saber a Dios que no tenían las habilidades ni los dones necesarios para realizar tal agenda. El problema real de Gedeón y el profeta Jeremías no era la ausencia de esas habilidades, sino la ignorancia sobre su llamado, las habilidades y el potencial que Dios había depositado en ellos. Lo primero que hizo el Señor fue combatir esa ignorancia dejándoles saber cuáles eran sus dones y habilidades espirituales para realizar su llamado.

Gedeón preguntó con qué fuerza liberaría al pueblo del opresor. El ángel le dijo: 'Con esta tu fuerza." Por eso el ángel le llamó: Varón esforzado y valiente, porque el ángel sabía lo que Gedeón aun no conocía de el mismo. Mientras Gedeón se definía asimismo como joven, inexperto y pobre, en el cielo se le conocía como varón esforzado y valiente.

> *Y el ángel de Jehová se le apareció, y le dijo: Jehová está contigo, varón esforzado y valiente. Y Gedeón le respondió: Ah, señor mío, si Jehová está con nosotros, ¿por qué nos ha sobrevenido todo esto? ¿Y dónde están todas sus maravillas, que nuestros padres nos han contado, diciendo: ¿No nos sacó Jehová de Egipto? Y ahora Jehová nos ha desamparado, y nos ha entregado en mano de los madianitas. Y mirándole Jehová, le dijo: Ve con esta tu fuerza, y salvarás a Israel de la mano de los madianitas. ¿No te envío yo?*
>
> *(Jueces 6:12-14)*

De igual forma Jeremías se excusó de que no era profeta, que no sabía hablar porque era muy joven aún. Pero el Señor le dijo ya he puesto mis palabras en tu boca y cuando hables cosas serán destruidas y otras serán edificadas. De hecho, te escogí como profeta a las naciones desde antes de estar en el vientre de tu madre.

> *Y yo dije: íAh, ah! ¡Señor Jehová! He aquí, no sé hablar, porque soy niño. Y me dijo Jehová: No digas: Soy un niño; porque a todo lo que te envíe irás tú, y dirás todo lo que te mande. No temas delante de ellos, porque contigo estoy para librarte, dice Jehová. Y extendió Jehová su mano y tocó mi boca,*

y me dijo Jehová: He aquí he puesto mis palabras en tu boca. Mira que te he puesto en este día sobre naciones y sobre reinos, para arrancar y para destruir, para arruinar y para derribar, para edificar y para plantar.

(Jeremías 1:6-9)

Si vamos a ser iglesia, como equipo, es necesario combatir esa ignorancia en el área de los dones espirituales y las habilidades. Tenemos que ayudarles a tener conocimiento sobre lo que están llamados a realizar y pulir dichas habilidades. El líder principal tiene que saber en alguna manera cuál es la gracia de los futuros miembros de su equipo. No podemos darnos el lujo de perder la aportación de los Jeremías de este tiempo. Repito en cada iglesia hay una gran fuerza laboral, una cantera de talentos y habilidades que están sentados casi todo el año en los escaños de la iglesia, mientras miran a un pequeño grupo trabajando en forma extrema. Eso debe de cambiar. Vuelvo y cito al restaurador Nehemías cuando dijo: todos (sin excepción) al muro. Todos.

David sabía cuáles eran sus áreas fuertes

Hay una gran diferencia cuando una persona conoce cuáles son sus áreas fuertes, esas áreas donde lo que hace tiene resultados poderosos. Vea la diferencia con David en su diálogo con el rey Saúl ante su disposición de enfrentar a Goliat. Cuando el rey dijo que David no tenía las capacidades para esa tarea, David le informa sobre sus habilidades y experiencias previa. David sabía lo que podía hacer, sabía cuál era su gracia y su capacidad y en vez de excusarse, estuvo listo para ejecutar lo que sabía que podía hacer por el poder de Dios.

Y dijo David a Saúl: No desmaye el corazón de ninguno a causa de él; tu siervo irá y peleará contra este filisteo. Dijo Saúl a David: No podrás tú ir contra aquel filisteo, para pelear con él; porque tú eres muchacho, y él un hombre de guerra desde su juventud. David respondió a Saúl: Tu siervo era pastor de las ovejas de su padre; y cuando venía un león, o un oso, y tomaba algún cordero de la manada, salía yo tras él, y lo hería, y lo libraba de su boca; y si se levantaba contra mí, yo le echaba mano de la quijada, y lo hería y lo mataba. Fuese león, fuese oso, tu siervo lo mataba; y este filisteo incircunciso será como uno de ellos, porque ha provocado al ejército del Dios viviente. Añadió David: Jehová, que me ha librado de las garras del león y de las garras del oso, él también me librará de la mano de este filisteo. Y dijo Saúl a David: Ve, y Jehová esté contigo.

(1 Samuel 17:32-37)

Necesitamos que todos los miembros del equipo puedan fluir como David en relación con su potencial y a sus habilidades, entiendan lo que sí pueden hacer. De esa manera podremos ubicarnos en relación con sus capacidades y talentos. ¿Conoces tus áreas fuertes, tus dones y talentos? ¿O estás enamorado de los dones y talentos de las otras personas, o de los dones que están de moda, los de mayor exposición pero que careces de ellos? ¿Cuán bien te conoces, ¿Cuánto disfrutas lo que puedes hacer? ¿inviertes tiempo en pulir tus áreas fuertes? Cada miembro del equipo debe identificar sus talentos y dones, debe perfeccionarlos y debe consagrarlos al servicio de la obra del Señor.

C3

COMPROMISO

Cuando a Dios haces promesa, no tardes en cumplirla porque él no se complace en los insensatos. Cumple lo que prometes.   Mejor es que no prometas, y no que prometas y no cumplas. No dejes que tu boca te haga pecar, ni digas delante del ángel que fue ignorancia.
Rey Salomón

El segundo elemento para la formación de un buen equipo es el compromiso. Tenemos que reconocer que cada día hay menos personas dispuestas al compromiso. Por eso hay crisis en el matrimonio, en las familias, las empresas, el gobierno y aun en la iglesia. Todas esas instituciones se apoyan en el compromiso mutuo. Es necesario que todos los miembros entiendan lo que significa compromiso y sean personas de compromiso. En otras palabras, que sean personas de una sola palabra, que cumplan lo que se han comprometido a realizar.

Podemos definir compromiso como:
- Una obligación contraída entre dos o más partes.

- El acto en el que empeñamos nuestra palabra.

- La habilidad de permanecer firmes en lo prometido y resistir la tentación de desertar o traicionar en los momentos de dificultad o de crisis.

- Es estar dispuesto a esforzarse, estar disponible, consagrarse y rendirse de todo corazón sin reservas hasta alcanzar lo acordado.

En palabras sencillas, compromiso es hacer lo que usted dijo que iba hacer. No importa lo que cueste, o el tiempo que tome, la persona de compromiso llevará a cabo lo que ha prometido realizar. La ventaja de tener una persona de compromiso es que, si le importa cumplir lo que prometió, es parte de su honor y respeto a sí mismo.

Cuando el equipo está formado por personas talentosas y de compromiso aumentan las posibilidades del equipo de tener éxito y alcanzar sus metas. La gente de compromiso activa la tenacidad y la determinación, componentes necesarios a la hora de alcanzar las metas. Muchos de los miembros que aceptan posiciones en el equipo no toman en serio lo que se les ha delegado. Tan pronto surgen presiones, luchas, problemas, renuncian a su posición, o simplemente la abandonan. Exhiben indiferencia y mediocridad: a veces llegan, otras veces no llegan. A veces llegan, pero tarde. A veces llegan, pero sin preparar; se ausentan, pero no se excusan; se excusan, pero es una pobre excusa, en fin, le da lo mismo una cosa que la otra. Se les olvida que al aceptar la posición se comprometieron a dar lo mejor de sí y llevar a cabo lo asignado.

Consideremos lo siguiente:
- ¿De qué vale tener un gran sueño y visión si no está respaldado por un gran compromiso?

- ¿De qué vale un plan de acción si no está atado a gente de compromiso?

- Lo que separa a los soñadores de los hacedores es el compromiso.

- Entre la visión y la acción se encuentra el compromiso.

- Entre el avanzar o estar estancado, entre el éxito y el fracaso está el valor del compromiso.

¿Cuántas veces hemos dicho que vamos a hacer algo y no lo hemos hecho? ¿Qué actitud asumimos ante esa realidad? ¿Es un patrón en nuestra vida, lo vemos como algo normal y ni siquiera nos incomoda? Escuché a un predicador decir: Hay gente que tiene más grados que un termómetro, súper inteligente, mucha información y títulos, pero no consiguen ni mantienen un trabajo por su laxitud, su falta de compromiso y entrega en lo que hace.

Compromiso y reciprocidad

El concepto de la reciprocidad dice que en la vida no solo se puede vivir pensando solo en uno y en lo que me puedan dar los demás.

También debe considerarse lo que yo puedo aportar, invertir y dar a los demás. El compromiso es en ambas direcciones. El equipo avanzará cuando el compromiso sea la norma de todos los miembros del equipo y no solo de algunos.

Debemos tener el mismo entusiasmo y determinación en invertir y dar como la tenemos en recibir y cosechar. La gente sin compromiso viene y te chupa, te saca todo lo que puede, sin dar nada o lo mínimo y luego se van tranquilamente. Hay gente que viene a la iglesia, pero solo pensando en lo que le pueden dar. A estos se les hace muy difícil lograr un compromiso para poder aportar a la iglesia y adelantar la visión. Nunca se dan completamente nada, siempre tienen un pie adentro, y otro afuera, por lo cual se les hace más fácil abandonar todo.

El compromiso brinda estabilidad

Necesitamos la presencia del compromiso, porque el compromiso brinda estabilidad. Permite a la persona "echar raíces" plantarse y estar firme. El líder de compromiso es una persona que tomó una posición consciente, por lo tanto, no opera en la zona neutral y ambigua. Ausencia de compromiso habla de inseguridad, inestabilidad e inconstancia. No es lo mismo tratar con una persona estable, constante que, con una persona variable, inestable, que no se sabe a dónde va, ni qué quiere y no se sabe si se puede contar realmente con ella. El compromiso es la garantía que tenemos que esa persona no se irá arbitrariamente, pero permanecerá.

Es con la gente que se queda en medio de lo difícil, con la que se puede realizar la visión. Otros podrán irse, por diferentes razones, pero la persona que honra su compromiso permanecerá. Esa estabilidad y consistencia que trae el compromiso permite no solo iniciar cosas, pero concluirlas. El compromiso nos lleva no solo dar el primer paso, nos conduce a dar todos los pasos necesarios hasta concluir el proyecto o la misión asignada. Iniciar proyectos es retador, pero avanzar y concluir el mismo es otra cosa, porque entre el inicio y la conclusión habrá obstáculos, oposiciones, problemas y situaciones imprevistas.

El compromiso rompe el espíritu de "renuncio, me rindo, no sigo". Condición que abunda hoy como una plaga en muchos que ocupan posición de liderazgo. Continuamente estamos escuchando razones, excusas, argumentos, de aquellos que deciden no seguir, pero la razón principal es la falta de compromiso.

Una palabra de advertencia
sobre el compromiso

El escrito de Eclesiastés 5:4-6 nos advierte acerca del peligro de prometer y no cumplir. Como ciudadanos del Reino de Dios debemos cumplir lo que prometemos y más si es a Dios. La instrucción es clara si prometes, debes cumplir o mejor no te comprometas. A Dios no le agrada este tipo de personas, los llama insensatos. El texto llama el acto de prometer y luego no cumplir: pecado.

> Cuando a Dios haces promesa, no tardes en cumplirla porque él no se complace en los insensatos. Cumple lo que prometes. Mejor es que no prometas, y no que prometas y no cumplas. No dejes que tu boca te haga pecar, ni digas delante del ángel que fue ignorancia.

Romper nuestras promesas y compromisos quizás es lo normal en la sociedad de hoy, pero no ante Dios. Todos sabemos que pueden darse ciertas condiciones justificadas y legítimas que nos pueden llevar a renunciar a nuestra posición y que nos impidan cumplir el compromiso o palabra empeñada. Pero sería diferente a no cumplir por cualquier razón. La persona que honra el compromiso y se ve forzado a renunciar al mismo nunca lo hace de manera liviana, ni como primera opción. En cambio, muestra una actitud madura, formal y de responsabilidad. Como decimos en mi país, da la cara.

Protocolo

La persona con compromiso sabe seguir los protocolos. Esta es la gran falta de mucha de las personas que están en posición de servicio. El líder de compromiso nunca sale por la puerta de atrás dejando dudas y comentarios. Nunca desaparece como un fantasma, y que Dios reparta suerte. Especialmente si primero nos hemos llenado la boca diciendo: "Dios me trajo aquí, él me sembró aquí, vamos a hacer esto y esto." Conoce personas así: "Pastor cuente conmigo siempre," para luego a la primera pedrada, a la primera crítica, a la primera corrección, a la primera oferta de otro equipo, abandonan todo o buscan la forma de crear una situación que justifique su salida.

Todo lo anterior es contrario a los que valoran el compromiso. Estos enfrentan la situación y dan cuentas a sus supervisores. Hablan, explica su situación, ayuda en la transición, avisa para dar tiempo y oportunidad para hacer los ajustes, escribe una carta con sumo cuidado y respetuosa. Uno debe dejar las puertas abiertas pues no se sabe si hay que volver. Además, seguir este protocolo sigue hablando bien de la persona aun en momentos difíciles.

Compromiso y emoción

El compromiso no es una emoción, es una decisión. Está por encima de las emociones. No necesitamos "sentirlo" continuamente para poder cumplir con nuestro compromiso. Hay demasiado personas que deciden a base de cómo se sienten, por lo cual son variables e inconstantes. Su personalidad está definida más por emociones que por convicciones, creencias, fe y valores. Personas altamente emocionales difícilmente puedan sostener su palabra. El compromiso si ha de ser efectivo tiene que estar por encima de las emociones.

Compromiso y talentos

Podemos todos estar de acuerdo que los talentos y dones son parte de esencial de un líder. Pero la gente talentosa sin compromiso es peligrosa porque en cualquier momento puede abandonar el proyecto. Gloria a Dios por la gente talentosa, pero talento solo no es suficiente. Hay que ir más allá en la exigencia de los que conforman el equipo de trabajo. Al talento hay que añadirle compromiso entre otras cosas. La mayoría de las personas quieren seguir líderes que tengan carácter y compromiso. Líderes que tomen en serio su posición. A la hora de seleccionar los líderes debemos prestar atención también al nivel de compromiso.

Compromiso y nuevas fuerzas

El compromiso es poderoso porque también es una fuente de nuevas fuerzas. Cuando todo el mundo se cansa, se agota, se desanima, las personas de compromiso se pueden sacudir, levantarse, y proseguir con más entusiasmo y fuerzas que antes. No importa los fracasos o adversidades, la persona de fe y de compromiso siempre se levanta y vuelve a la acción a completar su misión. Ya hemos visto que el apóstol Pablo pasó por circunstancias adversas, difíciles, de manera muy continua por causa de su ministerio. Pero como era una persona de compromiso obtenía nuevas fuerzas para seguir adelante. Consideremos ahora su bitácora de viaje:

En azotes, en cárceles, en tumultos, en trabajos, en desvelos, en ayunos; en pureza, en ciencia, en longanimidad, en bondad, en el Espíritu Santo, en amor sincero, en palabra de verdad, en poder de

Dios, con armas de justicia a diestra y a siniestra; por honra y por deshonra, por mala fama y por buena fama; como engañadores, pero veraces; como desconocidos, pero bien conocidos; como moribundos, mas he aquí vivimos; como castigados, mas no muertos; como entristecidos, mas siempre gozosos; como pobres, mas enriqueciendo a muchos; como no teniendo nada, más poseyéndolo todo.

(2 Corintios 6:5-10)

Vea como Pablo trae la antítesis a cada situación negativa. En vez de justificar su renuncia y abandono del ministerio, busca razones para permanecer. Él puede asumir esa posición debido a su entendimiento del compromiso.

Compromiso y entrega

Compromiso habla de entrega, de darnos sin reserva y al máximo. Podemos estar involucrados en muchas cosas: proyectos, empresas, relaciones, pero sin estar completamente entregados. Hay personas que nunca se involucran completamente, nunca ponen sus dos pies firmes, siempre tienen uno adentro y el otro afuera. Viven en la periferia de todo lo que hacen o se involucran.

En otras palabras, están presentes, aportan, pero de lejitos, manteniendo una distancia, de manera que quedan libres para abandonar el proyecto en cualquier momento. Logran hacerlo sin sentirse culpables o responsables de su acción. En cambio, si el proyecto es exitoso, entonces reclaman su parte basados a que tenían "un pie" adentro. Una posición muy conveniente, pero poco honesta e íntegra. Son posiciones nebulosas, confusas y a conveniencia.

Compromiso y celebración

Tenemos que decir que los logros y la celebración al alcanzar las metas es el privilegio de los que honran su compromiso. No hay nada tan satisfactorio como completar las metas, que pelear la batalla y obtener victorias. La gente carente de compromiso les será difícil experimentar la satisfacción de ver concluidas sus metas y celebrarlas. Vivirán presos en la dinámica de empezar cosas y abandonarlas, pero nunca concluirlas por lo que podrán celebrar poco. Vea lo que dice 2 Timoteo 2:6 lo dice en forma elegante:

> El labrador, para participar de los frutos, debe trabajar primero.

El agricultor tiene derecho a participar de sus frutos después que trabaja fuerte durante toda la siembra. El compromiso y perseverancia del agricultor le concede el derecho de celebrar y gustar de su cosecha. Muchos quieren participar de los frutos de la cosecha, cuando abandonaron su siembra por falta de compromiso. Me gusta como Pablo habla del efecto de vivir una vida con compromiso en 2 Timoteo 4:6-8. Su compromiso a lo largo de su vida le aseguro el premio y la celebración.

> *Porque yo ya estoy para ser sacrificado, y el tiempo de mi partida está cercano. He peleado la buena batalla, he acabado la carrera, he guardado la fe. **Por lo demás, me está guardada la corona de justicia**, la cual me dará el Señor.*

Ejemplos bíblicos de compromiso

- ### Pablo en Listra

  > *Entonces vinieron unos judíos de Antioquía y de Iconio, que persuadieron a la multitud, y habiendo apedreado a Pablo, le arrastraron fuera de la ciudad, pensando que estaba muerto. Pero rodeándole los discípulos, se levantó y entró en la ciudad; y al día siguiente salió con Bernabé para Derbe. Y después de anunciar el evangelio a aquella ciudad y de hacer muchos discípulos, volvieron a Listra, a*

Iconio y a Antioquía, confirmando los ánimos de los discípulos, exhortándoles a que permaneciesen en la fe, y diciéndoles: Es necesario que a través de muchas tribulaciones entremos en el reino de Dios. Y constituyeron ancianos en cada iglesia, y habiendo orado con ayunos, los encomendaron al Señor en quien habían creído.

(Hechos 14:19-23)

Pablo es apedreado en la ciudad de Listra solo por predicar el evangelio. El texto dice que después que fue arrastrado fuera de la ciudad y dado por muerto, él se levantó. Ahora levantarse fue un milagro, pero lo que hizo después de levantarse se llama compromiso. Vemos que Pablo siguió con su agenda de predicar el evangelio. El regresó con su equipo donde había sido apedreado para confirmar los ánimos de los discípulos que estaba formando en la ciudad. Pablo no se rindió, no renunció, ni se hizo la víctima, al contrario, siguió haciendo lo que se había comprometido hacer en medio del tiempo difícil. El verdadero compromiso siempre se mostrará bajo dos condiciones a saber: El factor tiempo y el factor presión. Cualquiera es fiel en una semana, pero no necesariamente en diez años. Cualquiera es fiel en el tiempo de abundancia y éxito, otra cosa es ser fiel y mantener su palabra y compromiso en el tiempo de adversidad y oposición.

- **David y Jonatán**

Tenemos el caso de David y Jonatán que hacen pacto de amistad y donde David promete tener cuidado de la descendencia de su amigo Jonatán. (vea 1 Samuel 20:1-17) David más tarde cuando es rey cumple su compromiso con su viejo amigo Jonatán, aunque ya había muerto. David investiga si quedan familiares del linaje de su amigo porque él quiere traerlos a palacio y tener cuidado de ellos.

> *Dijo David: ¿Ha quedado alguno de la casa de Saúl, a quien haga yo misericordia por amor de Jonatán? Y había un siervo de la casa de Saúl, que se llamaba Siba, al cual llamaron para que viniese a David. Y el rey le dijo: ¿Eres tú Siba? Y él respondió: Tu siervo. El rey le dijo: ¿No ha quedado nadie de la casa de Saúl, a quien haga yo misericordia de Dios? Y Siba respondió al rey: Aún ha quedado un hijo de Jonatán, lisiado de los pies.*
>
> *(2 Samuel 9:1-3)*

David cumplió lo que había prometido. No se olvidó de su pacto bajo la excusa de que ahora era rey y estaba muy ocupado, o porque Jonatán había muerto. Una buena excusa para no hacer nada, pero él cumplió lo que prometió.

- **Gedeón y su ejército**

En cambio, que gran diferencia con el ejército de Gedeón. Él convoca al pueblo para levantar un ejército y miles responden al llamado. No todos tenían el compromiso necesario para ir a la batalla. Tan pronto se les dio la opción de devolverse se fueron unos 22,000 soldados y luego 9,700 abandonaron el ejercito quedando solo aquellos 300 valientes comprometidos (Jueces 7). Ciertamente vivimos en una crisis fuerte de compromiso, donde empeñar la palabra o llegar a acuerdos aun escritos, no significa mucho y se violentan. Luego las personas siguen como si nada hubiera pasado.

- **El joven profeta Daniel**

Daniel fue el joven hebreo que fue llevado a la cautividad en Babilonia. Este, según el capítulo 1:8 de su libro propuso en su corazón no contaminarse con nada de la comida y bebidas y actos contrarios a su fe. A pesar de estar fuera de su patria sumergido en una cultura extraña, sin contar con el apoyo de sus líderes espirituales, siendo minoría, se comprometió en ser fiel a su fe. Lo cumplió de manera triunfante, aunque no fue nada fácil.

Y Daniel propuso en su (compromiso- determinación) no contaminarse con la porción de la comida del rey, ni con el vino que él bebía; pidió, por tanto, al jefe de los eunucos que no se le obligase a contaminarse.

Determinación es simplemente fijar una acción en la mente de un individuo que dice que tiene que hacer algo. Repito, no se puede hablar del éxito de Daniel en el exilio sin reconocer que fue un hombre de convicciones y compromiso, sobre todo en un ambiente hostil y extraño a su fe.

- **Rut y Noemí**

Ya hemos mencionado el caso de la joven moabita **Rut.** Ella fue una mujer joven pero que entendía el valor del compromiso. Rut se comprometió a seguir con su suegra (mayor de edad, viuda, pobre, depresiva y amargada) en medio de los tiempos difíciles que estaban viviendo. Ella tuvo la opción de irse como hizo Orfa. En cambio, hizo compromiso de estar con Noemí hasta el final de su vida independientemente de las circunstancias y así lo hizo.

Respondió Rut: No me ruegues que te deje, y me aparte de ti; porque a dondequiera que tú fueres, iré yo, y dondequiera que vivieres, viviré. Tu pueblo será mi pueblo, y tu Dios mi Dios. Donde tú murieres, moriré yo, y allí seré sepultada; así me haga Jehová, y aun me añada, que sólo la muerte hará separación entre nosotras dos.

(Rut 1:16-17)

La nueva generación y el compromiso

Rut y Timoteo eran jóvenes adultos que se movieron en la esfera del compromiso, así que se puede levantar una nueva generación no solo talentosa, inteligente, hermosa pero comprometidos. Sabemos que la nueva generación es una generación tecnológica, inteligente, preparada académicamente, donde muchos tienen cuerpo atlético, visten bien y a la moda, pero cuando a todo lo anterior se le añade compromiso, aportarán con mayor efectividad al equipo.

Lamentablemente poco se enseña sobre lealtad y compromiso. El compromiso hoy se modela muy poco, no se valora ni se ve como algo importante. Debemos enseñar y modelar esa virtud hoy a la generación que se levanta. Oremos a favor de que se levante una generación preparada y comprometida. Enseñemos con nuestro ejemplo.

C4
VISIÓN

*Visión es una mirada inspirada en el futuro y
un puente entre tu hoy y tu mañana.*
Apóstol Dr. Rafael Osorio

Comencemos considerando la definición de visión. Hay muchas definiciones de lo que es la visión, todas poderosas y se complementan unas a otras. Una de mis definiciones favoritas es cuando se define visión como una serie de imágenes, un cuadro mental, claro y específico de lo que Dios quiere que hagamos. Otra definición añade que la visión es un vislumbre del proyecto terminado o finalizado antes de empezar que nos inspirará y nos guiará.

Personalmente defino a una visión como una mirada inspirada en el futuro (atisbo) que viene a ser un puente entre tu hoy y tu mañana. Consideremos el poder de la visión, su efecto en los miembros del equipo y el resultado.

- La visión es primordial, poderosa y decisiva porque sin visión el pueblo perece. Esto es lo que dice Oseas 4:6- "Mi pueblo fue destruido, porque le faltó conocimiento."

- La visión es primordial, poderosa y decisiva porque sin profecía (visión) el pueblo se desenfrena. (carece de límites) según dice Proverbios 29:8- "Sin profecía el pueblo se desenfrena."

- John Maxwell dijo que la visión establece dirección y guía. Nos indica en qué dirección debemos ir.

- La visión nos ayuda a establecer prioridades y tomar las mejores decisiones.

- Cuando tenemos visión, sabemos a qué estamos dispuestos a renunciar para poder alcanzar lo que deseamos.

- La visión aglutina y alinea a las personas talentosas y comprometidas a un fin común.

La visión enciende la motivación, la inspiración, la pasión y el fuego en los miembros del equipo. Es poderoso cuando los miembros del equipo hacen lo que tienen que hacer, pero de forma apasionada. Los resultados serán siempre óptimos y mejor que los que hacen lo que tienen que hacer, pero sin pasión. La visión desata la pasión. La visión cambia nuestro lenguaje, nuestra forma de pensar, caminar, decidir y actuar. El Dr. Myles Munroe dijo sobre la visión que la persona más pobre del mundo no es la que carece de dinero, sino de visiones y sueños.

> Nunca podemos minimizar el poder de la visión.

Todo inicia con una visión y un visionario

Todo inicia con un visionario y una visión, antes de formar el equipo. Cuando Moisés llegó a los ancianos tenía una visión, cuando Nehemías llegó al remanente en Jerusalén tenía una visión, cuando Gedeón convocó al ejército tenía una visión. Cuando Jesús inicio su ministerio tenía clara su visión y metas. (Lucas 4:17-18)

Uno de los grandes retos del líder es poder explicar la visión a su equipo todas las veces que fuera necesario. Se necesitará que cada miembro talentoso del equipo conozca la visión, la entienda y se comprometa con la misma. El antiguo CEO de la Compañía General Electric, Jack Welsh, dice respecto a la visión:

"Uno de los trabajos más difíciles del líder es comunicar la visión y mantener la atmósfera adecuada alrededor de la visión. El líder debe asegurarse que quienes están a su alrededor conocen la visión, porque la consecución de las metas depende en gran manera del éxito de esa labor."

En esta misma dirección apunta J. Maxwell al decir:

"El líder de toda organización próspera modela su visión a todo su personal. Una de las primeras responsabilidades del líder principal no es sólo recibir la visión, sino compartirla efectivamente con los integrantes de su equipo para que ellos también la hagan suya."

La visión la establece el líder principal (el pastor/a)

¿Quién recibe la visión de Dios para la iglesia? ¿Quién decide la dirección que ha de tomar la iglesia? Este es un punto sumamente importante que decidir, porque quien tenga la visión, será el líder a seguir. El Dr. Pete Wagner, en su libro *Terremoto*, dice que en la iglesia tradicional el pastor es visto como un empleado. Más que ser un visionario, la labor principal del pastor es capacitar a los miembros y ejecutar lo que la junta directiva ha determinado a priori. Cuando un pastor llega a la iglesia se espera que se dé a la tarea de conocer a los miembros, ver lo que ellos quieren y entonces administrar para que logren los que ellos desean. Se espera que el pastor predique, enseñe, bautice, ministre la santa cena, case a los novios, dedique a los niños, visite los hospitales, dirija los cultos funerales y entierros, ore por los alimentos y por los enfermos, represente la iglesia, pero no se espera que establezca la dirección de la iglesia. Lo normal es que el pastor mantenga el "*status quo*", promueva la armonía y tenga contento a todo el mundo. Sea un custodio de las tradiciones de la iglesia.

El Dr. Wagner nos deja saber que, a partir de la reforma apostólica, el rol pastoral está cambiando. Ahora es el pastor el forjador de la visión y no los comités, juntas o el grueso de la iglesia. Según sus investigaciones, la mayoría de las iglesias locales que están creciendo integral-mente son aquellas donde a los pastores se les ha permitido forjar la visión y establecer la dirección de la iglesia.

El Dr. Pete Wagner dice que los pastores de las iglesias apostólicas jamás se considerarían a sí mismos capacitadores, ni considerarían en ir a la congregación para preguntarles en qué dirección deben de ir. Ellos inician preguntándole a Dios hacia dónde Él quiere que la iglesia marche, luego esperan que Dios conteste sus oraciones y les imparta a su espíritu la visión para la iglesia que les ha llamado a dirigir. Entonces se da a la tarea de reclutar un gran equipo para realizar la misma. En la reforma apostólica los pastores: Se especializan más en el liderazgo y menos en la ejecución, toman las decisiones de primera magnitud y delegan el resto, forman un equipo sólido y competente de administración y escogen a sus sucesores.

A través de la historia de Nehemías vemos en operación los tres conceptos que definen un equipo: visión, personas con habilidades y compromiso para realizar la misma.
1. Nehemías recibe la visión de parte de Dios. (Nehemías 1:1-11)

2. Nehemías convoca al pueblo. (Nehemías 2:16-17)

3. Nehemías comparte la visión. (Nehemías 2:17-18)

4. El pueblo recibe la visión y se compromete. (Nehemías 2:18b)

5. Nehemías organiza su equipo e inicia la acción. (Nehemías 4:13.16-23).

Moisés y los setenta

De igual forma vemos en Números 11:16-7, 24-25 como Moisés formó un equipo más amplio que le ayudara a llevar la carga del pueblo. Por orden de Dios el recluta 70 ancianos de Israel que fueran personas probadas. Entonces vemos que Dios toma del espíritu de Moisés y lo imparte sobre sus 70 ayudantes. De manera que este equipo no solo fuera compuesto por personas talentosas, virtuosas, de buen testimonio, pero también que tuvieran la misma visión y espíritu de Moisés. Todos caminarían en la misma visión, en acuerdo, en sinergia. No había 70 visiones distintas, aunque había 70 miembros, con diferentes habilidades, están integrados en la visión.

Entonces Jehová dijo a Moisés: Reúneme setenta varones de los ancianos de Israel, que tú sabes que son ancianos del pueblo y sus principales; y tráelos a la puerta del tabernáculo de reunión, y esperen allí contigo. Y yo descenderé y hablaré allí contigo, y tomaré del espíritu que está en ti, y pondré en ellos; y llevarán contigo la carga del pueblo, y no la llevarás tú solo.

Y salió Moisés y dijo al pueblo las palabras de Jehová; y reunió a los setenta varones de los ancianos del pueblo, y los hizo estar alrededor del tabernáculo. Entonces Jehová descendió en la nube, y le habló; y tomó del espíritu que estaba en él, y lo puso en los setenta varones ancianos; y cuando posó sobre ellos el espíritu, profetizaron, y no cesaron.

(Números 11:16-17, 24-25)

Cuando hablamos de visión tenemos que cuidarnos de estos tres elementos que atentan contra el poder de la visión.

a. Ausencia de una visión clara y definida

En primer lugar, tenemos que cuidarnos del fenómeno de la ausencia de visión. La verdad es que podemos estar trabajando fuerte y usando nuestros dones, pero sin tener claro que es lo que queremos y a donde vamos. Es la triste realidad de miles de personas que se levantan todas las mañanas, comen, beben, van a sus trabajos durante toda su vida, pero no tienen un norte claro en su vida. Para unos la meta es llegar vivos al día siguiente, (sobrevivir) para otros su agenda es hacer lo que hacen todos los días, (rutina) están aquellos cuya meta es resolver los problemas que surjan en ese día, (presión) y están los que simplemente estarán en continuo movimiento. (activismo) El activismo es el fenómeno de estar siempre ocupado, haciendo algo, de aquí para allá, arriba y abajo, pero sin visión y sin un plan. Muchas veces haciendo cosas contradictorias, donde la primera acción anula la que le sigue. Haciendo cosas por imitación, o por impresionar. La meta es no estar quieto, creyendo que movimiento automáticamente significa avanzar.

Ante la ausencia de una visión clara y definida, será imposible establecer un plan de acción. Habrá improvisación, inestabilidad, confusión, sentimiento de estar perdido, imitación, moda. En fin, donde cada cual estará remando en la dirección que creen mejor. Un equipo sin visión es un equipo a la deriva. Alguien dijo: Si no sabes a dónde vas, nunca sabrás si has llegado, o peor aún ya llegaste. Sin visión a cualquier lugar que llegues es bueno y cualquier camino te puede llevar ahí.

b. División (más de una visión)

El segundo fenómeno que afecta la visión es la división. En otras palabras, es cuando coexisten más de una visión. Lo que implica un choque de esfuerzos y confusión respecto a las metas y dirección. Es cuando unos hablan del norte y otros del sur, unos hablan de avanzar, otros de estar quietos, unos hablan de invertir, otros de ahorrar. Esta es una de las estrategias favoritas del enemigo contra la iglesia, porque él sabe que un equipo con doble visión estará dividido, fragmentado, debilitado, lleno de confrontación y es casi seguro que ninguna de las dos visiones avanzará. Jesús mismo lo dijo: Una casa dividida no permanecerá. Ese sabio el que dijo: El que trata de cazar dos conejos a la misma vez, no agarrará a ninguno.

Este fenómeno lo vemos en la iglesia de Corintios cuando Pablo llega en unos de sus viajes. No solo encuentra desorden en el uso de los dones y en el ministerio profético, pero en el área de la visión. Encuentra que la iglesia está dividida, hay más de una visión y los famosos grupitos. Unos eran de Cefas (Pedro) otros de Apolos y otros de Pablo. Pablo entiende que parte de esa confusión era debido a la inmadurez de los creyentes. Interesante en la iglesia estaban presentes casi todos los dones del Espíritu, pero había división e inmadurez.

Este fenómeno lo vemos también en el caso de los 12 espías hebreos al regresar de examinar la tierra prometida. Diez de los espías regresaron con una visión diferente a la visión que tenían cuando salieron de Egipto. Tenían una visión diferente a la de Moisés, y la de Josué y Caleb. Ahora su visión era regresar a Egipto y nombrar otro capitán en vez de Moisés. Estaban en oposición a Josué y Caleb que estaban claro que podían avanzar y conquistar la tierra bajo el liderazgo de Moisés. Vemos que el campamento se dividió, se rebeló, y escogieron seguir la visión de los diez espías. Y de hecho hubo juicio y muerte, y atrasaron el avance de la visión por 40 años. El Señor nos libre de la gente con el espíritu de los 10 espías, que evitan que los miembros talentosos y comprometidos operen bajo una sola visión.

c. Agenda oculta de algún miembro del equipo

El tercer fenómeno es igualmente destructivo como las dos anteriores, pero es más sutil y difícil de detectar a tiempo. Es cuando los miembros del equipo parecen que están respaldando la visión del equipo, pero realmente su meta es impulsar su propia agenda o visión. (parecen, pero no lo es)

Nosotros los pastores pecamos de posicionar muy rápidamente a personas talentosas y aun espirituales, porque tenemos plazas vacantes en nuestro ministerio. Pero tenemos que tener cuidado de ciertos líderes que parecen que están de acuerdo con la visión de la iglesia, y con nuestro liderazgo. Pero realmente solo están usando la plataforma que provee el equipo para adelantar su agenda. La plataforma de la iglesia lo expone a una audiencia que solo no podría, (exposición) la plataforma le provee de contactos con personas claves que solo no tendría acceso (relaciones) y le permite aprender de su líder principal, ver sus secretos, sus capacidades y mensajes (aprendizaje).

Pero como no son hijos, están solo "velando la güira" esperando su momento para independizarse. Muchos terminan formando su propia iglesia, o ministerio llevándose un grupo de hermanos, algunos de ellos líderes, que cojean del mismo mal. Nunca se trató de la visión de la iglesia o de su pastor, siempre se trató de ellos. Tenían una agenda oculta. Pablo lo experimentó y lo testificó en Filipenses 2:19-22.

Espero en el Señor Jesús enviaros pronto a Timoteo, para que yo también esté de buen ánimo al saber de vuestro estado; pues a ninguno tengo del mismo ánimo, y que tan sinceramente se interese por vosotros. Porque todos buscan lo suyo propio, no lo que es de Cristo Jesús. Pero ya conocéis los méritos de él, que como hijo a padre ha servido conmigo en el evangelio. Así que a éste espero enviaros, luego que yo vea cómo van mis asuntos.

Pablo distingue entre hijos espirituales y aquellos que están con él, que parecen hijos, pero realmente buscan lo suyo propio. Pablo dice que no eran del mismo ánimo. (de la misma mente o alma) Pablo se relacionó con Timoteo no solo como un ayudador o colaborador, pero "como un hijo que ha servido conmigo en el evangelio." Hoy muchos llamaban a esta posición espiritual de manera despectiva, le dicen "lambón, lambe ojo." Pablo los llama hijos. Muchos no quieren ser hijos, pero se molestan con los que si quieren. El tiempo siempre mostrará si estaban con la visión y el líder o si estaban solo buscando lo suyo.

Tenemos que ejercer discernimiento de aquellos que dicen estar con nosotros pero que su agenda es buscar lo de ellos. Es con los "Timoteos y Rut," los hijos de la casa, con aquellos que tienen de nuestro espíritu que avanzará la visión.

C5

SINERGIA

*Sinergia es el esfuerzo combinado que
logra más que el esfuerzo individual.*
Pastor Wayne Corderio

El término sinergia fue redescubierto en el 1925 por el biólogo alemán Ludwig Von Bertanlanffy. El mismo procede de un vocablo griego compuesto de dos palabras, SYN que significa simultaneidad, y ERGON que significa obra. En otras palabras, sinergia es trabajar simultáneamente. (en acuerdo, integración, en cooperación) El factor sinergia fue activado también en la medicina. En la medicina, sinergia se define como la interacción entre diferentes medicamentos y fármacos que ofrece un resultado diferente al que se podría haber alcanzado si estos hubieran sido suministrados de manera independiente (interacción).

Consideremos estas otras definiciones sobre el término:

- Sinergia supone la integración de partes o sistemas que al unirse conforman un nuevo objeto. Este nuevo objeto difiere del análisis de cada una de las partes por separados (integración).

- Sinergia es la acción de coordinación de dos o más causas o partes cuyo efecto es superior a la suma de efectos individuales (coordinación).

- Sinergia es cuando dos o más elementos se unen creando un resultado diferente aprovechando y maximizando las cualidades de cada uno de los elementos (unión).

- Sinergia se refiere al fenómeno en que el efecto del trabajo de dos o más agentes actuando en conjunto es mayor que la suma de la acción de los agentes por separados (en conjunto).

En otras palabras, sinergia inicia reconociendo la existencia de un sistema que tiene características, cualidades, potencial, capacidad que cuando opera obtiene un nivel de resultado. (sistema A) Pero cuando este sistema A, se integra y se une con otro sistema (B) que igualmente tiene cualidades y capacidades entonces se forma un nuevo sistema. (AB) Este sistema es completamente diferentes del sistema A y del sistema B. Este nuevo sistema (AB) nace cuando se unen las cualidades únicas de cada sistema por lo cual crea un resultado diferente a lo que podía lograr el sistema A o el sistema B por separado. No solo es diferente pero superior, mejor, que la suma de los efectos individuales.

Los caballos

Un ejemplo clásico de sinergia esta con los caballos. Un caballo solo puede arrastrar 2,508 libras, ciertamente eso es poderoso, pero dos caballos juntos pueden arrastrar 12,496 libras. O sea, el rendimiento al unir el segundo caballo se triplica. Eso es más poderoso que cada caballo por su lado.

El problema que evita que muchos operen en la sinergia, es que nos conformamos o nos enfocamos en el resultado que obtenemos de nuestro trabajo individual. Nos impacta que como "caballos" podemos arrastrar 2,500 libras, pasamos por alto que si nos unimos a otro buen sistema el resultado sería mejor y mayor (12,000 libras) Esto es lo que pasa cuando pensamos y operamos con mentalidad individualista.

Me gusta la definición de sinergia del Pastor Wayne Corderio porque la sintetiza y va al punto:

> Sinergia es el esfuerzo combinado que logra más que el esfuerzo individual.

Los gansos

Consideremos un segundo ejemplo que muestra los beneficios de trabajar en equipo y en sinergia: Los gansos. Los gansos nos ofrecen lecciones tremendas sobre el factor sinergia y la mentalidad de equipo. Si queremos hacer iglesia como equipo debemos aprender de los gansos

1. La ciencia ha descubierto que los gansos vuelan formando una V, porque cuando cada pájaro bate sus alas, produce un movimiento en el aire que ayuda al ganso que va detrás de él. Volando en V, toda la bandada aumenta por lo menos en 71%

más su poder de vuelo, que si cada pájaro lo hiciera solo.

Cuando compartirnos una dirección común y tenemos sentido de equipo podemos llegar a donde deseamos más fácil y rápido. Ese es el beneficio de la sinergia.

2. Cada vez que un ganso se sale de la formación y siente la resistencia del aire, se da cuenta de la dificultad de volar solo, y de inmediato se incorpora a la fila para beneficiarse del poder del compañero que va adelante.

   Si tuviéramos la lógica de un ganso, nos mantendríamos con aquellos que se dirigen en la misma dirección que nosotros.

3. Cuando el líder de los gansos se cansa, se pasa a uno de los puestos de atrás y otro ganso toma su lugar.

   Obtenemos resultados óptimos cuando nos dividimos la tarea, y compartimos nuestra fuerza (recursos) con los compañeros de equipo en necesidad.

4. Los gansos que van detrás producen un sonido propio de ellos, y hacen esto con frecuencia para estimular a los que van adelante a mantener la velocidad.

Una palabra de aliento y de fe produce grandes resultados, más que la crítica y el juicio.

5. Finalmente, cuando un ganso enferma o cae herido por un disparo, dos de sus compañeros se salen de la formación y lo siguen para ayudar y protegerlo. Se quedan con él hasta que esté nuevamente en condiciones de volar o hasta que muere. Sólo entonces los dos acompañantes vuelven a la bandada o se unen a otro grupo.

Si tuviéramos la lealtad de un ganso, nos mantendríamos uno al lado del otro, identificándonos con el dolor del compañero de equipo y acompañándolos.

Deportes de remos

Se denomina remo al conjunto de disciplinas deportivas que consisten en la propulsión de una embarcación en el agua con o sin timonel, mediante la fuerza muscular de uno o varios remeros, usando uno o dos remos como palancas simples de primer grado, sentados mirando a popa de espaldas a la dirección del movimiento. En esta competencia es sumamente importante que todos los remeros, siguiendo las directrices y el ritmo del timonel, estén en acuerdo y orientados en la misma dirección, sin fuerzas opuestas, remando todos al mismo ritmo y con una sincronización perfecta. Aunque las cualidades motoras tales como fuerza, velocidad o rapidez, resistencia y flexibilidad son imprescindibles, el éxito en la competencia de remo olímpico se basa en la coordinación y el trabajo de equipo.

Además del equilibrio y el ritmo, los remeros deben coordinar una extraordinaria sincronización de las paladas para evitar la pérdida de la fuerza. La iglesia necesita aprender a realizar su misión como los atletas del deporte de remo hacen su carrera; orientados en la misma dirección, sin fuerzas opuestas, remando al mismo tiempo y con una sincronización perfecta.

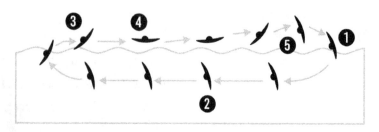

El factor exponencial

Consideremos el factor exponencial, porque para mí, este fenómeno matemático está conectado al principio de la sinergia. ¿Alguna vez has escuchado el término crecimiento exponencial? Una característica de este crecimiento es que cada vez que se añade un elemento a la función, el resultado muestra un crecimiento cada vez más acelerado. A este crecimiento acelerado le llamamos crecimiento exponencial. El término exponencial indica que la variante ejerce su efecto sobre el exponente de la función. Vea la gráfica que ilustra este concepto.

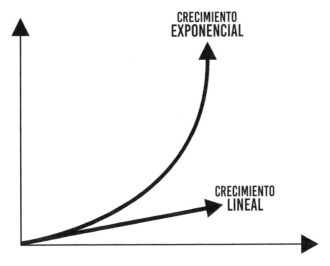

El factor exponencial lo podemos ver en el ejemplo de los caballos, pero también lo encontramos en Levítico 26:8 que dice:

Cinco de vosotros perseguirán a ciento, y ciento de vosotros perseguirán a diez mil.

Ese texto es un ejemplo de una función exponencial aproximada. Vemos que cinco israelitas persiguen a 100 enemigos, si el crecimiento hubiera sido lineal, entonces 100 hombres perseguirían a 2,000. Sin embargo, el verso dice que cien persiguen a 10,000. La gráfica para representar este crecimiento exponencial se aproxima a la siguiente:

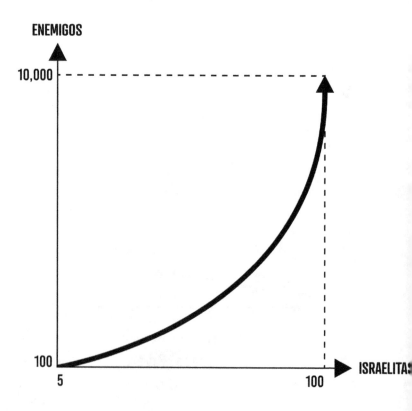

Ahora puedo entender porque el enemigo se opone a la unidad, el acuerdo, la integración, la sinergia, lo exponencial en la iglesia. Si cinco en acuerdo pueden afectar a 100 enemigos la labor del enemigo es buscar esos cinco nunca formen un equipo, quizás puedan estar juntos, pero no en armonía. Veremos como la carta a los Filipenses el apóstol Pablo enumera ciertas actitudes que tienen el poder de anular a los cincos que tienen el potencial de hacer huir a cien.

El reto de la sinergia

El reto que presenta la sinergia o el formar equipo, es ¿Con quién nos integramos, con quien nos unimos, con quien nos ponemos en acuerdo para llevar a cabo la visión, con quien nos asociamos y hacemos alianza? Los especialistas que estudian el fenómeno de la sinergia han encontrado que para que esta funcione, las diferentes partes tienen que integrarse primero.

La integración se basa en que primero tiene que darse una afinidad o alineamiento en las partes. Este punto es importante porque si por un lado es una pobre decisión decidir enfrentar la vida solo, también es una pobre decisión aliarnos, unirnos, integrarnos con cualquiera, solo para no evitar estar solo. Porque hay uniones y alianza que nos atrasarán porque, aunque estamos juntos no estamos en acuerdo, hay una unión física pero no de espíritu.

Integración

Vemos que la palabra clave en sinergia es integración en oposición a separación o distancia. La clave también es simultaneidad. Trabajar a la misma vez y en acuerdo. Lo que propone la sinergia es el proceso de integración, unión, la alianza de esos sistemas que antes había estado operando de forma independiente. Los especialistas que estudian el fenómeno de la sinergia han encontrado que para que esta funcione, las diferentes partes tienen que integrarse primero. (Ya se imagina porqué el enemigo no quiere unidad, integración, acuerdo, ni alianza, ni equipo en la iglesia.)

La integración muchas veces no es tan fácil para el ser humano. Los prejuicios, complejos, miedos, racismos, clasismo, orgullo bloquean la integración (resistencia). Para integrarme tengo que dejar de pensar solamente en mí y a la vez reconocer a los demás. El reto es unirme aportando lo mío, pero reconociendo lo que los demás aportan. Nuestros gustos, ideas, opiniones, cultura y filosofía de la vida serán decisivos para desatar el fenómeno de la sinergia en nuestras vidas. Repito el gran reto es que los miembros del equipo trabajen unidos, en integración.

¿Cómo funciona la integración?

La integración se basa en que primero tiene que darse una afinidad o alineamiento en las partes. De manera que la integración no ocurre de manera automática, la integración solo es posible, si primero existe la afinidad o acuerdo en la visión. Esta es la verdad del texto de Amós 3:3:

¿Andarán dos juntos, si no estuvieren de acuerdo?

Comparto con ustedes el análisis de este texto en su contexto original que hizo el pastor Eliel González (pastor principal IAR Habitación, Holyoke, Mass. EE. UU.) Él dice: Vemos cuatro prerrequisitos para que el factor sinergia funcione. Estos son imprescindibles para que la iglesia pueda cumplir su misión y ser exitosa.

1) El primer prerrequisito es el elemento de הָלַךְ - *halakh* - que significa caminar, dirección, y acción. Así que el primer principio habla sobre acción y propósito.

2) El segundo prerrequisito es el elemento numérico שְׁנַיִם - *shanayim* - que significa dos. Habla de cantidad. Este principio habla que el trabajo que hacemos es en equipo.

3) El tercer prerrequisito es el elemento de יַחְדָּו - *yachdav* - de la palabra יַחַד que significa juntos, unidos, unánimes, a la misma vez. Este principio se encuentra en el Salmo 133 y Hechos 2:1. Este es el principio de la integración de recursos para el cumplimiento de una visión o proyecto.

4) El cuarto principio es אִם־נוֹעָדוּ - *im-noadu* - que es una frase compuesta por, אִם - *im* - que significa con, y יָעַד - *yaad* - que significa llegar al lugar asignado o acordado, también significa reunirse como asamblea. Cuando unimos la frase tenemos un significado equivalente a la palabra griega **sunerge ó sunergeo (sinergia).**

Esta es la verdad de Marcos 16:20

> *Ellos, saliendo, predicaron en todas partes, **ayudándolos** el Señor y confirmando la palabra con las señales que la acompañaban.*

El texto original (griego) la palabra para "ayudándolos" es **sunerge ó sunergeo,** que es de donde obtenemos el termino sinergia. En otras palabras, el texto muestra a Dios activando la sinergia. Cuando Dios se pone en acuerdo para apoderar a los discípulos que salieron a predicar la palabra, vemos la sinergia del cielo actuando a favor del pueblo. Es poderoso cuando el Señor nos ayuda.

> **Esta es la verdad de Romanos 8:28:**
> *Sabemos, además, que a los que aman a Dios, todas las cosas los **ayudan** a bien, esto es, a los que conforme a su propósito son llamados.*

En este texto vemos que Dios activa el principio de la sinergia, haciendo que todas las cosas que nos suceden, aunque sean negativas, se cambien para bien, obren para bien, haciendo que todas las cosas unan sus fuerzas para trabajar a favor del que ama a Dios.

El factor Entropía

Los especialistas también han identificado el factor Entropía. La entropía es el polo opuesto a la sinergia. Mientras sinergia es la unión e integración de energía, la entropía es la disipación y destrucción de la energía, es lo opuesto a la integración y afinidad; es energía que se odia y se rechaza. En Mateo 12:23 encontramos el resultado nefasto cuando se manifiesta la entropía según estableció Jesús mismo:

> Todo **reino dividido** contra sí mismo (entropía), es asolado y toda ciudad o casa dividida contra sí misma, **no permanecerá** (resultado).

Gastaremos nuestras fuerzas peleando, discutiendo, compitiendo entre nosotros mismos y con pocos resultados. Esto es un resultado terrible; la división traerá derrota al equipo, a la iglesia, a la casa. Cuando una casa está dividida contra sí misma, los enemigos se pueden ir de vacaciones. Porque tarde o temprano la casa caerá, no permanecerá. Es diferente a lo que dijo Jesús en Mt. 18:19.

> Otra vez os digo, que si dos de vosotros s**e pusieren de acuerdo** en la tierra (integración- sinergia) acerca de cualquiera cosa que pidieren, **les será hecho** por mi Padre que está en los cielos (resultado).

Los resultados son como del cielo a la tierra. Ahora como hay acuerdo, integridad, en vez de división, al orar su oración es más efectiva. Oraciones que al ser hechas en acuerdo liberan resultados. Cuando el equipo está compuesto por personas que realmente no se han integrado, ni se han unido en la visión, lo que va a operar será la entropía. Por eso el discernir con quien nos unimos es clave para desatar la sinergia, es todo un proceso que no debe realizarse solo por hacerlo. No vale pena unirnos con aquellos que no estén en acuerdo con la visión. Es total pérdida de tiempo.

La sinergia en la Biblia

Dijimos antes que el factor sinérgico fue redescubierto en el 1925, pero la realidad es que lo podemos encontrar a través de toda la escritura tanto en el Antiguo Testamento como en el Nuevo Testamento. Pero la realidad es que lo podemos encontrar a través de toda la escritura tanto en el Antiguo Testamento como en el Nuevo Testamento.

Lo vemos en el pasaje de la creación en Génesis 1:18-24

Y dijo Jehová Dios: No es bueno que el hombre esté solo; le haré ayuda idónea para él.

(Génesis 1:18)

Entonces Jehová Dios hizo caer sueño profundo sobre Adán, y mientras éste dormía, tomó una de sus costillas, y cerró la carne en su lugar. Y de la costilla que Jehová Dios tomó del hombre, hizo una mujer, y la trajo al hombre. Dijo entonces Adán: Esto es ahora hueso de mis huesos y carne de mi carne; ésta será llamada Varona, [*porque del varón fue tomada. Por tanto, dejará el hombre a su padre y a su madre, y se unirá a su mujer, y serán una sola carne.*

(Génesis 1:21-24)

En texto dice que Dios declaró que no era bueno que el hombre estuviere solo y lo complementa con la mujer. (ayuda idónea – equipo – sinergia) La toma de sus costillas y entonces les da órdenes a que ambos sean una sola carne. (integración) viniendo a ser un equipo.

Lo vemos también en la declaración del sabio Salomón en Eclesiastés 4:9-12

Mejor son dos que uno; *porque tienen mejor paga de su trabajo. Porque si cayeren, el uno levantará a su compañero; pero ¡ay del solo! que cuando cayere, no habrá segundo que lo levante. También si dos durmieren juntos, se calentarán mutuamente; mas ¿cómo se calentará uno solo? Y si alguno prevaleciere contra uno, dos le resistirán; y cordón de tres dobleces no se rompe pronto.*

Vea los resultados de la sinergia según este texto: Tendrán mejor paga en su trabajo (eficiencia y calidad) si uno de ellos cae no podemos decir que ese fue su final, porque su compañero lo levantará y cuidará, combaten la soledad y se dan abrigo(compañía) uno al otro, y juntos enfrentarán (resistirán) mejor a cualquier enemigo que por separados.

Salmo 133

Lo vemos en salmo 133 cuando el salmista también menciona beneficios que surgen cuando estamos juntos y en armonía. "allí Dios enviara unción nueva, bendición y vida eterna. Aleluya

> Mirad cuán bueno y delicioso es habitar los hermanos juntos en armonía, es como el buen oleo... Porque allí envía Jehová bendición y vida eterna.

Teología Paulina

De igual forma vemos la sinergia o equipo en la teología de Pablo. En 1ra Corintios 12:14-31 y en el libro de Efesios usa la imagen del cuerpo para explicar el factor de la sinergia. El cuerpo físico es la unión o integración de diferentes sistemas (los diferentes partes del cuerpo) donde cada miembro del cuerpo tiene funciones únicas, pero al estar integrados se ayudan mutuamente y hacen que el cuerpo pueda funcionar adecuadamente, de igual forma debe hacerlo la iglesia.

De quien todo el cuerpo (sistema mayor), bien concertado y unido entre sí (integración) por todas las coyunturas (sistemas individuales) que se ayudan mutuamente, (equipo) según la actividad propia de cada miembro, **recibe su crecimiento** para ir edificándose en amor (resultados).

(Efesios 4:15-16)

"Porque, así como el cuerpo es uno, y tiene muchos miembros, pero todos los miembros del cuerpo, siendo muchos, son un solo cuerpo, así también Cristo."

(1 Corintios 12:12)

Mas ahora Dios ha colocado los miembros cada uno de ellos en el cuerpo, como él quiso. Porque si todos fueran un solo miembro ¿dónde estaría el cuerpo? Pero ahora son muchos los miembros, pero el cuerpo es uno solo.

(1 Corintios 12: 18-20)

De manera que, si un miembro padece, todos los miembros se duelen con él, y si un miembro recibe honra, todos los miembros con él se gozan." Vosotros, pues, sois el cuerpo de Cristo, y miembros cada uno en particular. Y a unos puso Dios en la iglesia, primeramente, apóstoles, luego profetas, lo tercero maestros, luego los que hacen milagros, después los que sanan, los que ayudan, los que administran, los que tienen don de lenguas.

(1 Corintios 12: 26-28)

Consideremos algunos ejemplos de equipos en la biblia que activaron la sinergia y sus resultados:

1. Moisés vs los amalecitas en el valle de Refidim. Éxodo 17:8-13

> *Entonces vino Amalec y peleó contra Israel en Refidim. Y dijo Moisés a Josué: Escógenos varones, y sal a pelear contra Amalec; mañana yo estaré sobre la cumbre del collado, y la vara de Dios en mi mano. E hizo Josué como le dijo Moisés, peleando contra Amalec; y Moisés y Aarón y Hur subieron a la cumbre del collado. Y sucedía que cuando alzaba Moisés su mano, Israel prevalecía; mas cuando él bajaba su mano, prevalecía Amalec. Y las manos de Moisés se cansaban; por lo que tomaron una piedra, y la pusieron debajo de él, y se sentó sobre ella; y Aarón y Hur sostenían sus manos, el uno de un lado y el otro de otro; así hubo en sus manos firmeza hasta que se puso el sol. Y Josué deshizo a Amalec y a su pueblo a filo de espada.*

Vemos como Moisés enfrenta a los enemigos activando la sinergia y su equipo. Mientras Josué como capitán se quedó en el valle con los varones del campamento, Moisés subió a la cumbre del collado. Pero Moisés no subió solo, subió con Aarón y Hur. Mientras Josué peleaba en el valle, Moisés intercedía en la cumbre. Mientras Moisés alzaba sus manos, la batalla iba a favor de Josué. Pero cuando Moisés se cansó de levantar sus manos y estar de pie, él pudo seguir en su misión hasta el final, porque Moisés estaba unido al sistema B (Aarón) y al sistema C (Hur) Las fuerzas de Moisés se multiplicaron exponencialmente al unirse a Hur y Aarón. Hur y Aarón le sostuvieron las manos a Moisés y además lo sentaron en una piedra. Y la palabra dice: Y Josué deshizo a Amalec y a su pueblo a filo de espada. Trabajo en equipo, integrados, en acuerdo, en alianza.

2. Nehemías el reformador (Nehemías 4:16-23):

Desde aquel día la mitad de mis siervos trabajaba en la obra, y la otra mitad tenía lanzas, escudos, arcos y corazas; y detrás de ellos estaban los jefes de toda la casa de Judá. Los que edificaban en el muro, los que acarreaban, y los que cargaban, con una mano trabajaban en la obra, y en la otra tenían la espada. Porque los que edificaban, cada uno tenía su espada ceñida a sus lomos, y así edificaban; y el que tocaba la trompeta estaba junto a mí. Nosotros, pues, trabajábamos en la obra; y la mitad de ellos tenían lanzas desde la subida del alba hasta que salían las estrellas. También dije entonces al pueblo: Cada uno con su criado permanezca dentro de Jerusalén, y de noche sirvan de centinela y de día en la obra. Y ni yo ni mis hermanos, ni mis jóvenes, ni la gente de guardia que me seguía, nos quitamos nuestro vestido; cada uno se desnudaba solamente para bañarse.

Nehemías sabía que la visión de restauración necesitaba un buen equipo que él solo no podía ejecutarla. Por eso el recluto diferentes personas con diferentes habilidades, para realizar diferentes tareas con un mismo propósito: restaurar la ciudad y sus muros. La tenía constructores, soldados, el músico con su trompeta, centinelas y su equipo de jóvenes. Su lema era: Todos al muro y cada uno a su tarea. Pura sinergia en acción.

3. El Paralítico de Capernaúm (Marcos 2: 1-6)

> Entró Jesús otra vez en Capernaúm después de algunos días; y se oyó que estaba en casa. E inmediatamente se juntaron muchos, de manera que ya no cabían ni aun a la puerta; y les predicaba la palabra. **Entonces vinieron a él unos trayendo un paralítico, que era cargado por cuatro.** Y como no podían acercarse a él a causa de la multitud, descubrieron el techo de donde estaba, y haciendo una abertura, bajaron el lecho en que yacía el paralítico. **Al ver Jesús la fe de ellos**, dijo al paralítico: Hijo, tus pecados te son perdonados.

Esta es una de mis historias favoritas de los evangelios. Una de las grandes diferencias entre este paralítico de Capernaúm versus el paralítico de Betesda fue el factor sinergia y la mentalidad de equipo. Vemos al paralítico de Betesda solo, amargado, sin conexiones, enfermo. En cambio, vemos al paralítico de Capernaúm que estaba tan enfermo como el otro, pero este tenía un equipo de 4 amigos que hicieron la diferencia. Cuatro amigos que formaron equipo con él unieron sus fuerzas, unieron su fe, y lo cargaron a donde él no podía llegar, a donde estaba Jesús. El otro por poco pierde su milagro aun cuando Jesús fue directamente a donde él estaba. Esto no es cuestión de multitudes, es cuestión de estar conectado con la gente clave y específica, no tienen que ser muchos, aunque sean 4, pero que sean de fe, de misericordia, y listos para trabajar en el avance de la visión.

4. El equipo de Pablo

Podemos ver que el apóstol Pablo tenía un equipo íntimo de hijos espirituales y colaboradores como Silas, Timoteo, Tito, Epafras, Epafrodito, Lucas, Tíquico, Juan Marcos entre otros. Vea un ejemplo en 2 Timoteo 4:11-13 donde vemos como Pablo cuenta con Lucas, Juan Marcos, Tíquico y el mismo Timoteo.

Sólo Lucas está conmigo. Toma a Marcos y tráele contigo, porque me es útil para el ministerio. A Tíquico lo envié a Efeso. Trae, cuando vengas, el capote que dejé en Troas en casa de Carpo, y los libros, mayormente los pergaminos.

A la vez tenía otros equipos a través de las iglesias que el formó. Podemos conocer los nombres de algunos de ellos en el capítulo 16 de Romanos. Por ejemplo: Febe, Priscila y Aquila, Epeneto, María, Andrónico Junias, Amplias, Urbano, Estaquis, Apeles, Aristóbulo. Herodión, Narciso, Trifena Trifosa, Pérsida, Rufo, Asíncrito, Flegonte, Hermas, Patrobas, Hermes, Filólogo, Julia, Nereo, Olimpas Lucio, Jasón, Sosípater, Tercio, Gayo, Erasto, Cuarto. (Tome un tiempo y léalo por favor)

5. El Equipo de Jesús

Aun Jesús mismo tuvo su equipo, el no intentó hacer solo su misión. Vemos el equipo de los 12 en Mateo 10:1-5, vemos el equipo de los 70 en Lucas 10:1 y aún tenía un equipo de mujeres que le ministraban con sus bienes (Lucas 8:2-3).

Algunas mujeres que habían sido sanadas de espíritus malos y de enfermedades: María, que se llamaba Magdalena, de la que habían salido siete demonios, Juana, mujer de Chuza intendente de Herodes, y Susana, y otras muchas que le servían de sus bienes.

Es por eso por lo que el enemigo se opone tanto a que los pastores puedan formar un equipo sinérgico que trabaje exponencialmente, como hizo Moisés en la cumbre, como hizo Nehemías en el muro, como hizo el paralítico de Capernaúm rompiendo el techo hasta llegar a Jesús y arrebatar su milagro. Como lo hizo Pablo y el mismo Jesús, porque los beneficios y resultados se incrementarán en calidad y tiempo. Fuera la entropía, el individualismo y amén a la integración, la sinergia y la mentalidad de equipo.

C6
MENTALIDAD
DE EQUIPO

Usted puede hacer lo que yo no puedo hacer, yo puedo hacer lo que usted no puede hacer, pero juntos podemos hacer grandes cosas.
Madre María Teresa

Para poder funcionar como miembros de un equipo necesitamos tener una mentalidad corporativa, porque la realidad es que podemos ser parte de un equipo, pero aun así mantener una mentalidad individual. Es más fácil operar como individuos que como equipo, grupo, familia o empresa porque vivimos en una sociedad de mentalidad individualista más que mentalidad corporativa. El poder del equipo se amplía exponencialmente cuando cada miembro tiene conciencia del resto de sus compañeros. Vean algunas citas de famosos escritores sobre el poder de la mentalidad corporativa versus la individual.

John Maxwell – conferencista experto en el área de liderazgo

- Ningún individuo solo ha hecho nada de valor. Realmente no existen los Rambos o los Llaneros Solitarios.

- Uno es demasiado pequeño para pretender hacer grandes cosas.

- Si reconocemos el valor de un equipo, entonces el próximo paso es ser mejores compañeros de equipo.

- Los jugadores ganan juegos y trofeos, los equipos ganan campeonatos.

Gene Wilkes –entrenador deportivo de éxito

- Los equipos, al involucrar más gente, producen más recursos, ideas y energía que una sola persona.

- Los equipos maximizan el potencial del líder y reducen sus debilidades, mientras que las debilidades se exponen más en los individuos.

- Los equipos proporcionan múltiples perspectivas sobre cómo resolver una necesidad o alcanzar una meta, proveyendo varias alternativas para cada situación.

- Los equipos comparten la victoria y asumen las culpas por las pérdidas.

Madre Teresa
- Usted puede hacer lo que no puedo hacer, yo puedo hacer lo que usted no puede, pero juntos podemos hacer grandes cosas.

Walt Disney
- Uno puede soñar, diseñar y construir el lugar más maravilloso del mundo, pero hace falta un equipo para que el sueño se convierta en realidad.

W. Wilson

- Para lograr mis metas, no solo debo usar mi celebro, sino que debo buscar todos los celebros prestados que sean posible.

A pesar de que es cierto que realmente nadie solo ha podido hacer grandes cosas solos, y que al examinar la historia podemos ver que los jugadores ganan trofeo y los equipos campeonatos aun así el gran problema que hay en los ministerios de muchas iglesias es la carencia de mentalidad de equipo. Quiero compartir con ustedes al menos 4 posturas que se oponen a la mentalidad de equipo. Veremos sus características, razones porque existen y su efecto nefato sobre el equipo.

1. El individualista

La primera postura es el individualista. Es el espíritu de Rambo y del llanero Solitario, que creen que todo lo pueden hacer solo y hacerlo mejor. La persona con espíritu individualista causa problemas al ser parte del equipo porque no saben y no quieren trabajar con otros, casi siempre tienen un ego grande, e inflado. Todo hay que hacerlo a su manera, ellos solo son los que saben, y los que solo pueden hacer las cosas bien. Los juicios y decisiones los hacen pensando solo en ellos mismos y no necesariamente en el bienestar del equipo.

El miembro individualista causa muchos problemas al líder y al resto del equipo pues se les hace difícil seguir instrucciones y someterse a su líder, pues todo lo cuestionan y lo retan. Su lenguaje es: yo sé, yo puedo, yo hice, yo tengo, yo, yo, yo, siempre está hablando de el mismo. Al final el resultado es que perdemos a esta persona habilidosa porque pocos quieren trabajar con él, y con tantos choques con otros, el mismo también se cansa y presenta la renuncia.

2. El aislado

La segunda postura son los aislados. Estos son personas sumamente talentosas pero que también se les hace casi imposible operar como miembro de algún equipo porque les cuesta integrarse y participar activamente con el grupo y terminan renunciando al equipo.

Ellos no tienen problema en realizar su tarea, pero cuando llegan a las reuniones y eventos tienden a sentarse solos, distante, hablan poco, se ven tensos, sus rostros se ven como en blanco, como que no disfrutan la experiencia y dan la impresión de que no respaldan la visión ni el plan de acción. Pero no necesariamente sea así, a veces estas personas han sido heridos emocionalmente por otras personas, quizás desde su niñez o en experiencias previas de equipo. Y levantan esta distancia como un mecanismo de defensa.

Quizás para otros el problema parecer ser que carecen de las herramientas para interactuar con otros, para comunicarse pues se sienten inseguros, tienen miedo de cometer errores, o se sienten amenazados por las capacidades de los demás miembros del equipo. Por lo tanto, adoptan el aislarse, el tomar distancia y el permanecer callados, pero dentro de ellos anhelan poder integrarse y compartir. Siempre hay miembros del equipo que tienen la gracia para acercarse a ellos, e integrarlos poco a pocos.

3. El protagonista

La tercera postura es el protagonista. Este es el miembro del equipo que siempre se quiere robar el "*show*." También se le hace difícil trabajar en equipo, porque no quiere compartir la gloria con nadie más. Está empeñado en sobresalir, de que se hable de él, por lo que llama continuamente la atención. Quiere tener éxito, aunque su éxito en ocasiones afecte al equipo.

Este miembro necesita que otros sepan sus logros, sus éxitos, sus avances, sus reconocimientos, y él es su primer vocero. Como dice el refrán: alábate pollo, que mañana te comen. En su afán de que conozcan sus logros y resaltar su imagen, minimizan a los demás y tienden a exagerar sus logros. Viven en continua competencia con otros que ni siquiera están en competencia con él, por lo cual a veces tiene celos de otros y le puede hacer la vida muy difícil a cualquiera que resulte amenaza para él.

Todo lo anterior puede ser muy sutil hasta llegar a un nivel crítico que entonces comienza a afectar la unidad y efectividad del equipo. Las personas con espíritu protagonistas a veces terminan siendo rechazadas por los demás, a pesar de sus habilidades y gran potencial.

4. El antagonista

Antagonismo se entiende como rivalidad, oposición, especialmente en posiciones, visión, estrategias, doctrinas y opiniones. Lo opuesto al antagonismo es la colaboración. El antagonismo es otra forma de llamar la atención y sobresalir, pero llevando la contraria, siendo el líder negativo. Los antagonistas son aquellos miembros del equipo que, sin evidencia concreta ni fundamento, les hacen la vida imposible a los demás con sus exigencias.

Su mayor felicidad es atacar a otras personas (especialmente líderes) y a sus proyectos. Tienden a ser personas egoístas y destructivas que en su gran mayoría buscan desbaratar y dañar en vez de construir. No debemos minimizar a los antagonistas, porque de continuo tienen seguidores. El antagonista inicia una guerra encubierta:

- Confabulándose con otros del equipo que tienen la misma opinión.

- Con aquellos que se gozan en la disensión.

- Otros se unen a ellos como una forma de expresar sus propios sentimientos hostiles e iracundos (alianzas).

- Hay quienes los siguen, porque se equivocan de lealtades.

- Algunos siguen a los antagonistas, porque éstos saben cómo hacerlos sentir importantes.

El antagonista de Coré

Coré fue uno de los príncipes que enfrentaron y cuestionaron directamente el liderazgo y autoridad de Moisés en el desierto. Él tenía una visión diferente y no solo retaron a Moisés, pero influyó en otros príncipes y miembros de la "congregación." El texto dice que "tomaron gente" para levantarse contra Moisés. Atentaron contra la sinergia y activaron la entropía (se juntaron contra Moisés y Aarón). Propiciaron un espíritu de división y separación antepuesto a un espíritu de integración y unidad.

Vea Números 16:1-3:

Coré hijo de Izhar, hijo de Coat, hijo de Leví, y Datán y Abiram hijos de Eliab, y On hijo de Pelet, de los hijos de Rubén, tomaron gente, y se levantaron contra Moisés con doscientos cincuenta varones de los hijos de Israel, príncipes de la congregación, de los del consejo, varones de renombre. Y se juntaron contra Moisés y Aarón y les dijeron: ¡¡Basta ya de vosotros! Porque toda la congregación, todos ellos son santos, y en medio de ellos está Jehová; ¿por qué, pues, os levantáis vosotros sobre la congregación de Jehová?

Aun Moisés trató de arreglar el asunto y los mandó a buscar, pero ellos se negaron. En cambio, lo acusaron y siguieron moviéndose en el espíritu de confrontación y división.

Vea Números 11:12-13:

Y envió Moisés a llamar a Datán y Abiram, hijos de Eliab; mas ellos respondieron: No iremos allá. ¿Es poco que nos hayas hecho venir de una tierra que destila leche y miel, para hacernos morir en el desierto, sino que también te enseñorees de nosotros imperiosamente? Ni tampoco nos has metido tú en tierra que fluya leche y miel, ni nos has dado heredades de tierras y viñas. ¿Sacarás los ojos de estos hombres? No subiremos.

El espíritu de división fue creciendo, de Coré, a otros líderes, al resto de la congregación (se tornó en una plaga).

El día siguiente, toda la congregación de los hijos de Israel murmuró contra Moisés y Aarón, diciendo: Vosotros habéis dado muerte al pueblo de Jehová.
(vr. 14)

El resultado de esta división fue que la tierra se tragó vivos a Coré, a su familia, sus siervos y todas sus posesiones.

Y aconteció que cuando cesó él de hablar todas estas palabras, se abrió la tierra que estaba debajo de ellos. Abrió la tierra su boca, y los tragó a ellos, a sus casas, a todos los hombres de Coré, y a todos sus bienes. Y ellos, con todo lo que tenían, descendieron vivos al Seol, y los cubrió la tierra, y perecieron de en medio de la congregación.

(vrs. 31-33)

Pero también en medio de la congregación se manifestó el juicio del Señor y la gente comenzó a morir masivamente y solo la acción de Moisés y Aarón detuvo la gran mortandad.

Y los que murieron en aquella mortandad fueron catorce mil setecientos, sin los muertos por la rebelión de Coré.

(vr. 49)

Pablo y el espíritu de antagonista

Pablo de igual forma tuvo que interactuar con diferentes antagonistas dentro de la iglesia y de su ministerio. El los identificó, habló de los problemas que causan, de su condición y destino espiritual y como tratar con ellos.

Vea Romanos 16:17:

Mas os ruego, hermanos, que os fijéis en los que causan divisiones y tropiezos en contra de la doctrina que vosotros habéis aprendido, y que os apartéis de ellos.

Lo vemos también en la carta a Tito 3:10-11.

Al hombre que cause divisiones, después de una y otra amonestación deséchalo, sabiendo que el tal se ha pervertido, y peca y está condenado por su propio juicio.

Según Pablo los antagonistas que causan continuamente problemas al avance de la congregación son personas que se han pervertido, y están bajo su propio juicio. Son personas que continuamente causan divisiones y tropiezo, por lo cual afectan la visión y la unidad del equipo. Deben ser amonestados, y si no sean esa actitud deben ser separado de cualquier puesto que tengan, aun inclusive de la comunidad de fe.

Pablo es radical con los antagonistas porque ningún equipo puede sobrevivir y ser efectivo, si los antagonistas dominan el equipo. De hecho, Pablo da el nombre de un antagonista que le hizo la vida difícil en su ministerio. (Alejandro el herrero.) Este antagonista le causó muchos males oponiéndose a las palabras, el mensaje y el liderazgo de Pablo. Pablo la advierte a Timoteo que no lo subestime o ignore, pero que se guarde de él. Vale hoy ese consejo.

Alejandro el calderero (herrero) me ha causado muchos males; el Señor le pague conforme a sus hechos. Guárdate tú también de él, pues en gran manera se ha opuesto a nuestras palabras.

(2da Timoteo 4:14-15)

Todo equipo debe estar conformado por miembros con mentalidad corporativa, que piense y actué no desde la perspectiva individualista, aislado, protagonista, o antagonista pero como miembro de un equipo. Que abone a la unidad, la armonía, y al avance del equipo.

C7
CARÁCTER

El talento te lleva a la cima,
pero el carácter te sostiene en la cima.
Te contratan por tus talentos,
te despiden por falta de carácter.
Anónimo

Todo miembro de un buen equipo debería ser una persona de carácter, de integridad y madurez. El carácter es clave porque establece límites hasta dónde podemos llegar y qué hacer. Es un peligro darles una posición a personas con un carácter deficiente. La persona con carácter tiene claro quién es, (identidad) lo que quiere (metas) y a dónde va. (dirección) Una persona con carácter y madurez es aquella que ha aprendido a auto controlarse y a tener cuidado de sí misma. La mayor victoria de una persona es la que obtiene sobre sí misma.

¿Cómo definimos carácter?

- Es todo lo que tiene que ver con lo que creemos, pensamos, sentimos, hablamos y hacemos. El carácter exige que nuestras acciones vayan a la par con nuestras palabras.

- Tiene que ver con integridad que es el alineamiento de los valores, pensamientos, sentimientos y acciones de la persona. Todo lo que la persona hace en las diferentes áreas es consistente a su escala de valores.

- El carácter tiene que ver con valores; con todos los principios morales, éticos y espirituales por los que la persona vive y toma decisiones día a día en todas las áreas.

Tres áreas que deben ser administradas por el carácter

Todo miembro y líder del equipo, tiene que cuidar su carácter. En especial en tres áreas claves a saber: poder, dinero y sexualidad. Al estar en posición de liderazgo nos exponemos al poder, y poder sin carácter es sumamente peligroso. El liderazgo si ha de ser efectivo necesita poder, pero administrado por el carácter. Muchos han caído por que se han emborrachado de poder, de fama, de prestigio y de orgullo. Ante la falta de madurez se incapacitan para el manejo que trae el éxito, el reconocimiento, la promoción y la exposición.

De igual forma pasa con el dinero, lo necesitamos, pero debe ser administrado por el carácter. Muchos han caído por su pobre manejo del dinero. Su corazón se dañó por el dinero, se llenó de codicia y rompieron códigos de ética, robando dinero, gastándolo en cosas vanas, pecaminosas y en lujos innecesarios. Dejaron atrás el llamado y el servir para amar el dinero. Pasaron por alto la advertencia de 1 Timoteo 6:9-10:

> Porque los que quieren enriquecerse caen en tentación y lazo, y en muchas codicias necias y dañosas, que hunden a los hombres en destrucción y perdición; porque raíz de todos los males es el amor al dinero, el cual codiciando algunos, se extraviaron de la fe, y fueron traspasados de muchos dolores.

Este pasaje es muy fuerte respecto a las condiciones terribles cuando somos seducidos por el dinero y caemos en la trampa de amar al dinero que viene a ser raíz de otros males. La codicia nos hunde y nos lleva a destrucción y predicción, trae muchos dolores y nos puede llevar a extraviarnos de la fe. Pero un buen carácter, madurez, integridad, así como estar rodeados de personas madurez e integras a quienes demos cuenta es una gran defensa ante este mal.

Muchos han caído por descuido en el área sexual. Como Sansón, tienen carisma, poder, fuerza, unción, pero déficit en el carácter y la integridad. En algún momento bajaron la guardia. Todo líder en algún momento de su vida confrontará presión y tentación en esta área. La sexualidad también tiene que ser administrada por el carácter. Es clave mantener nuestra vida espiritual al día, en relación íntima con el Señor. Además, cuidar las relaciones matrimoniales. Que la pareja ore juntos, hablen constantemente con problemas o sin problemas, tengan su tiempo para salir, comer y disfrutar y disfrutar juntos. No quedar preso de la rutina y las presiones diarias, y que el cónyuge no quede fuera, o aislado del ministerio y trabajo.

John Maxwell compara la dinámica entre el talento y el carácter con un gran témpano de hielo. Un témpano de hielo tiene un 15% visible (serían los talentos) y un 85% por debajo de la superficie del agua (sería nuestro carácter). Las personas nos parecemos mucho a los témpanos de hielo, somos mucho más de lo que puede ver el ojo. Lo que no se ve es lo que pensamos y nunca lo compartimos con nadie, es lo que hacemos y somos cuando nadie nos ve.

Necesitamos miembros del equipo que sean talentosos pero que a la vez sean personas de carácter probado y maduros. Los talentos y dones son regalos que recibimos, pero el carácter es una elección. Este balance entre talentos (dones) y carácter ya lo hemos visto cuando David fue reclutado como músico principal del Rey. Vimos que el criterio del talento era importante: "que tocara bien." Pero vemos también que el carácter de David contó. Entre las características que tenía David incluía que era valiente, fuerte, hombre de guerra, prudente en sus palabras, (carácter) hermoso y que **Jehová estaba con él.** (fe, convicción, creencias.) 1 Samuel 16:17-18).

El texto resalta en el informe que era prudente en sus palabras, esto es, escogía sus palabras antes de hablar, (sabiduría) símbolo de madurez. Además, no solo era talentoso, Jehová estaba con él. Tenía una relación espiritual con el Señor que empezó no cuando estaba en palacio, en poder, pero cuando era jovencito, pastor de ovejas solo en los campos de Belén. Queridos hermanos una cosa es tocar bien y que Jehová este con la persona, y otra es simplemente tocar bien. ¡Cuanto sufrimos esto los pastores en la búsqueda de que talentos y carácter paree, que talentos y madurez, talentos y fe, talentos y vida espiritual vayan de la mano juntos! Es difícil la combinación, es exigente, pero se puede lograr.

Talento y carácter lo vemos operando en combinación en el salmo 78:72:

> Y los apacentó (David) conforme a la integridad de su corazón, y los pastoreó con la pericia de sus manos.

El texto menciona que el rey David apacentó y pastoreo al pueblo con sus talentos y con integridad. Dirigió al pueblo con la pericia de sus manos, pero también con la integridad de su corazón. Necesitamos esa unión poderosa de talentos y carácter. No es uno u el otro, es ambos manifestándose al mismo tiempo. Es peligroso cimentar nuestro ministerio solo en el talento. Añade a la pericia de tus manos, la integridad de tu corazón. ¿Cómo esta tu corazón? Recordemos la advertencia de Proverbios 4:23:

> Sobre toda cosa guardada, **guarda tu** corazón; Porque de él mana la vida.

Alguien dijo en manera muy cierta: Los talentos y el carisma es la razón para que nos contraten, pero la falta de carácter es la razón por la cual nos despiden. Los talentos abren tantas puertas y brindan tantos buenos resultados que si no ponemos cuidado creemos que es lo único que necesitamos. Entonces descuidamos nuestro corazón, nuestras actitudes, nuestras decisiones y entonces surgen los problemas, los fracasos y la renuncia.

Me gusta esta otra frase: El talento te lleva a la cima, pero el carácter te sostiene en la cima. No es solo llegar, cualquiera puede llegar al éxito, pero el reto es sostenernos donde hemos llegado. Las crisis no necesariamente forman tu carácter, sino que lo revela. Es la presión, la oposición, la crítica, las demandas, los imprevistos, las decisiones claves a tomar, que no serán del agrado de muchos lo que mostrarán nuestro carácter, nuestra madurez y preparación.

Por eso vemos que cuando vienen las grandes crisis en empresas, gobiernos e iglesias, vemos la renuncia de mucho del personal, porque solo tenían talento y carecían de carácter y madurez. El carácter es como un pedestal. Si el pedestal es como un palillo de dientes, podrá sostener un sello de correo, pero si es como una gran columna, entonces podrá sostener un techo. Mientras más talentos más clave es el papel que juega el carácter.

Los que llegan ilegalmente a la cima, difícilmente podrán sostenerse, los que llegan a la cima, sin procesos, sin experiencia, sin mentores, sin evaluación, tarde o temprano tendrán problemas en el tope. La presión de la cima es bestial, inmisericorde y continua, de tal forma que el talento solo no puede resistir. Recordemos que una de las claves para llegar y permanecer es el carácter, pues el carácter protegerá los talentos y sostendrá a la persona talentosa en el tiempo difícil. La gente talentosa es un regalo al mundo; el carácter viene para proteger ese regalo.

Examinemos los criterios que le fueron dados a Moisés en la selección de su equipo de trabajo. El primer criterio que le dio Jetro eran que fueran hombres talentosos y virtuosos. Pero le añadió también que esos mismos hombres fueran temerosos de Dios, varones de verdad y que aborrecieran la avaricia. Esto habla de integridad, valores y carácter probados.

> Además, escoge tú de entre todo el pueblo varones de virtud, temerosos de Dios, varones de verdad, que aborrezcan la avaricia; y ponlos sobre el pueblo por jefes de millares, de centenas, de cincuenta y de diez.
> (Éxodo 18:21)

Cuando los apóstoles fueron a nombrar los primeros diáconos establecieron unos criterios para seleccionarlos. Ellos no querían apoderar a cualquiera a esa posición. Ellos no solo consideraron sus capacidades y dones para servir, pero también su carácter, fe y madurez. Hechos 6:3 dice que tenían que tener buen testimonio, estar llenos del Espíritu Santo, tener sabiduría y ser personas de fe. En otras palabras, ser líderes espirituales.

> Buscad, pues, hermanos, de entre vosotros a siete varones de buen testimonio, llenos del Espíritu Santo y de sabiduría, a quienes encarguemos de este trabajo. Y nosotros persistiremos en la oración y en el ministerio de la palabra. Agradó la propuesta a toda la multitud;

y eligieron a Esteban, varón lleno de fe y del Espíritu Santo, a Felipe, a Prócoro, a Nicanor, a Timón, a Parmenas, y a Nicolás prosélito de Antioquía; a los cuales presentaron ante los apóstoles, quienes, orando, les impusieron las manos.

(Hechos 6:3-6)

Luego, según pasó el tiempo, se fueron refinando los criterios para ejercer el liderato en la iglesia. De manera que más tarde aparece toda una lista de características morales y espirituales para todos aquellos que aspiraban a ser diáconos, pastores, obispos y ancianos espirituales aparte de los dones. ¿Puedes hacer una lista de todas las características de los miembros del equipo de estos pasajes? ¿Cuántos de esos criterios se siguen usando de manera fidedigna hoy en la iglesia?

Palabra fiel: Si alguno anhela obispado, buena obra desea. Pero es necesario que el obispo sea irreprensible, marido de una sola mujer, sobrio, prudente, decoroso, hospedador, apto para enseñar; no dado al vino, no pendenciero, no codicioso de ganancias deshonestas, sino amable, apacible, no avaro; que gobierne bien su casa, que tenga a sus hijos en sujeción con toda honestidad (pues el que no sabe gobernar su propia casa, ¿cómo cuidará de la iglesia de Dios?) no un neófito, no sea que envaneciéndose caiga en la condenación del diablo. También es necesario que tenga buen testimonio de los de afuera, para que no caiga en descrédito y en lazo del diablo.

Los diáconos asimismo deben ser honestos, sin doblez, no dados a mucho vino, no codiciosos de ganancias deshonestas; que guarden el misterio de la fe con limpia conciencia. Y éstos también sean sometidos a prueba primero, y entonces ejerzan el diaconado, si son irreprensibles. Las mujeres asimismo sean honestas, no calumniadoras, sino sobrias, fieles en todo. Los diáconos sean maridos de una sola mujer, y que gobiernen bien sus hijos y sus casas.

(1 Timoteo 3:1-13)

Procura con diligencia presentarte a Dios aprobado, como obrero que no tiene de qué avergonzarse, que usa bien la palabra de verdad.

(2da Timoteo 2:15)

Por esta causa te dejé en Creta, para que corrigieses lo deficiente, y establecieses ancianos en cada ciudad, así como yo te mandé; el que fuere irreprensible, marido de una sola mujer, y tenga hijos creyentes que no estén acusados de disolución ni de rebeldía. Porque es necesario que el obispo sea irreprensible, como administrador de Dios; no soberbio, no iracundo, no dado al vino, no pendenciero, no codicioso de ganancias deshonestas, sino hospedador, amante de lo bueno, sobrio, justo, santo, dueño de sí mismo, retenedor de la palabra fiel tal como ha sido enseñada, para que también pueda exhortar con sana enseñanza y convencer a los que contradicen.

(Tito 1:5-9)

Que los ancianos sean sobrios, serios, prudentes, sanos en la fe, en el amor, en la paciencia. Las ancianas asimismo sean reverentes en su porte; no calumniadoras, no esclavas del vino, maestras del bien; que enseñen a las mujeres jóvenes a amar a sus maridos y a sus hijos, a ser prudentes, castas, cuidadosas de su casa, buenas, sujetas a sus maridos, para que la palabra de Dios no sea blasfemada. Exhorta asimismo a los jóvenes a que sean prudentes; presentándote tú en todo como ejemplo de buenas obras; en la enseñanza mostrando integridad, seriedad, palabra sana e irreprochable, de modo que el adversario se avergüence, y no tenga nada malo que decir de vosotros.

(Tito 2:2-8)

Recuérdales que se sujeten a los gobernantes y autoridades, que obedezcan, que estén dispuestos a toda buena obra. Que a nadie difamen, que no sean pendencieros, sino amables, mostrando toda mansedumbre para con todos los hombres.

(Tito 3:1-2)

No todo tu equipo llegará a ti pulido, perfeccionado o maduro. Muchos llegarán con potencial (oro sin pulir), con talentos, pero aun sin la experiencia, madurez y carácter necesario. Eso no significará el rechazo o eliminación de ellos. Todo lo contrario, implica que hay que trabajar con ellos, enseñarles, modelarles. Demanda la necesidad de mentoría, supervisión y evaluación.

Cada iglesia debe tener una escuela de discipulado para los líderes emergentes y los que ya están en posición. Discipulado para salmistas, intercesores, servidores, pastores ayudantes, administradores, etc. No se trata solo de identificar talentos y delegar, implica un proceso de perfeccionar a los santos para la obra del ministerio. (Efesios 4:11-12)

He visto como parte de mi experiencia de formar equipos que muchos de los candidatos crecieron, y aprendieron de forma integral en este proceso de reclutar, apoderar, mentorar, supervisar mientras se les iba delegando poco a poco sus funciones. Debemos evitar los dos extremos, reclutar y posicionar solo porque tienen talento y hay necesidad. Por otro lado, simplemente rechazarles porque tienen áreas donde deben crecer y mejorar. Recordemos que Pablo tomó a Timoteo y Tito en su condición de potencial, pero trabajó con ellos y vimos el resultado positivo. Recuerda seamos líderes que lideramos con integridad de corazón y la pericia de nuestras manos. Amén.

C8
ACTITUDES NEGATIVAS

Ruego a Evodia y a Síntique,
que sean de un mismo sentir en el Señor.
Apóstol Pablo

Este capítulo queremos dedicarlo para poder identificar y analizar todas aquellas actitudes negativas que tienen la capacidad de poder anular o romper el efecto sinérgico. Estamos hablando de todas esas acciones que minan la efectividad de cualquier equipo. Para realizar este análisis tomaremos la carta del apóstol Pablo a la iglesia de Filipos como base para esta enseñanza. También usaremos otros pasajes bíblicos que muestran en operación estos comportamientos negativos y sus efectos nefastos. Estas actitudes negativas son más comunes de lo que pensamos y hasta corremos el riesgo de acostumbrarnos a ellas.

Propósito de la carta de Filipenses

Uno de los propósitos que tiene el apóstol al escribir esta carta es recordarles la importancia de estar en un mismo sentir, unánimes y en un mismo espíritu. Vea como resalta en esos cortos cuatro capítulos consejos como: Eviten las contiendas, la murmuración, la vanagloria, la competencia, los celos, eviten buscar cada cual lo suyo, sean humildes y no orgullosos. Pablo está velando por la unidad de la iglesia, que no rompan el factor de la sinergia a fin de que hagan iglesia como equipo. Podemos ver esa preocupación en el escrito del apóstol. Por eso toma tiempo para advertirles sobre esas actitudes negativas.

Usted tiene que entender que la iglesia de Filipos era una iglesia creciente, activa, combatiente y con un gran liderazgo. Pero a la misma vez vemos que hay ciertas luchas de poder entre los líderes de la iglesia. La unidad, la visión, el mismo sentir del equipo de líderes está siendo afectado. Esto nos deja saber que como iglesia pudiéramos estar activos, combatientes, firmes, teniendo muchos líderes y ministerios y aun así estar afectados por actitudes como competencia, celos, contiendas, murmuraciones, orgullo, envidia y al final limitar la efectividad del equipo. Recordemos que el gran reto del líder principal de cualquier equipo no es lograr que los miembros del equipo trabajen fuertes, o que hagan muchas cosas, aun cosas buenas, pero el reto es que trabajen unidos, en la misma dirección y propósito.

Algunas de esas actitudes negativas que encontramos en esta carta son: Falta de un mismo espíritu y sentir, competencia negativa, Chisme, Vanagloria y egoísmo.

1) No tener un mismo espíritu, ni un mismo sentir

Pablo les deja saber que toda acción de los miembros del equipo, todo lo que vayan a realizar, debe ser hecho en un mismo espíritu y un mismo sentir. Considere los siguientes textos.

- Solamente que os comportéis como es digno del evangelio de Cristo, para que o sea que vaya a veros, o que esté ausente, oiga de vosotros que estáis firmes en un mismo espíritu, combatiendo unánimes por la fe del evangelio *(2:7)*.

- Completad mi gozo, sintiendo lo mismo, teniendo el mismo amor, unánimes, sintiendo una misma cosa *(2:2)*.

- Haya, pues, en vosotros este sentir que hubo también en Cristo Jesús *(2:5)*.

- Ruego a Evodia y a Síntique, que sean de un mismo sentir en el Señor *(4:2)*.

A veces, los miembros del equipo en vez de estar sintonizados en la misma onda, en el mismo sentir o espíritu están:

a) Distraídos: La iglesia pasando por un momento difícil y retador, pero ellos están completamente fuera del panorama y ocupados con otras cosas.

b) Indiferentes: Estos pueden estar al tanto de lo que está pasando en el equipo, pero no les importa mucho, les da igual una cosa que la otra.

c) Inactivos: Cuando se necesita la milla extra de cada jugador, estos escogen inactivarse, excusarse, retirarse temporalmente, no se puede contar con ellos.

d) Desacuerdo: Estos escogen una postura opuesta a la del equipo; operan en un sentir de oposición; escogen remar en dirección contraria. En vez de mostrar ánimo, alegría, fe y determinación, escogen mostrar pesimismo, dudas, críticas, antagonismo, etc.

Un equipo efectivo necesita que todos sus miembros se muevan en el mismo espíritu y el mismo sentir. Jesús ya casi a punto de ser arrestado y experimentar la cruz, pasó tiempo orando e intercediendo fuertemente a favor de la unidad de sus discípulos, a fin de que fueran uno como él y el Padre eran uno.

> *Mas no ruego solamente por éstos, sino también por los que han de creer en mí por la palabra de ellos, para **que todos sean uno;** como tú, oh, Padre, en mí, y yo en ti, q**ue también ellos sean uno en nosotros;** para que el mundo crea que tú me enviaste. La gloria que me diste, yo les he dado, **para que sean uno,** así como nosotros somos uno. Yo en ellos, y tú en mí, para que **sean perfectos en unidad,** para que el mundo conozca que tú me enviaste, y que los has amado a ellos como también a mí me has amado.*
>
> *(Juan 17:20-23)*

2) Competencia negativa

Otro comportamiento que puede poner en peligro la efectividad del equipo es el espíritu de competencia. Pablo le dice lo siguiente a dos líderes de la iglesia:

Ruego a Evodia y a Síntique, que sean de un mismo sentir en el Señor.

(Filipenses 4:2)

Estas dos líderes (Evodia y Síntique) tenían opiniones y sentimientos diferentes y quizás ciertos desacuerdos respecto a doctrina y disciplina. Parece que había un nivel de competencia e influencia de estas dos líderes sobre el resto de la congregación. Pablo les hace un llamado a superar esas diferencias, a tener la misma mente y el mismo sentir, para que el enemigo no se fortalezca ni gane ventaja. Este tipo de conducta puede afectar a los creyentes más débiles.

Si queremos tener un equipo efectivo, tenemos que cuidarnos del espíritu de competencia, de formar grupitos, bandos y guerrillas. Cuidarnos de la lucha por posiciones en la iglesia. Pasa muy a menudo que miembros del mismo equipo entran en lucha y competencia entre ellos mismos. Es bueno aclarar que la competencia es natural entre líderes y personas talentosas y que no es necesariamente mala, siempre y cuando esté bien canalizada.

Competencia y trabajo en equipo pueden coexistir y provocar al final efectos positivos al equipo. Sabemos que hay atletas que han roto sus propias marcas, han hecho un esfuerzo mayor gracias a la competencia que tenían y la calidad de los atletas que lo rodeaban. Es como el gallo a cargo de un gallinero donde las gallinas debían poner los mejores huevos. Él fue y busco un huevo de avestruz y lo puso en uno de los nidos y les dijo a las gallinas, miren a ver qué hacen, porque su vecina está fuera de liga.

Sin embargo, la competencia se convierte en algo negativo cuando terminamos compitiendo en contra de los compañeros, perjudicándolos a ellos y al equipo mismo. A la hora de la competencia debemos tener en cuenta este principio: La meta de los miembros del equipo no es ganarles a los compañeros de equipo, sino que gane el equipo.

John Maxwell dice, que, en vez de estar enfocados en competir con nuestros compañeros de equipo, debemos complementarlos. Él dice:

- Cuando competimos, el yo va primero; cuando nos complementamos, la organización va primero.

- Cuando competimos, la confianza se destruye; cuando nos complementamos la confianza se desarrolla.

- Cuando competimos, unos ganan y otros pierden; cuando nos complementamos ambos ganan.

- Cuando competimos, desarrollamos pensamientos individualistas; cuando nos complementamos, desarrollamos pensamientos colectivos.

- Cuando competimos, excluimos a los demás; cuando nos complementamos, unimos a los demás.

Competencia entre los discípulos (Mateo 20:21-24)

El relato de Mateo 20:21-24 dice que la madre de Juan y Jacobo fue donde Jesús (junto con ellos dos) y le pidió que cuando Él estableciera su reino, sentara a su derecha e izquierda a sus dos hijos. Ella se adelantó a los demás discípulos pidiendo lo mejor para sus hijos.

El verso 24 dice que cuando los otros 10 lo supieron, se enojaron contra los dos discípulos. ¿Por qué? Porque los 10 querían esas posiciones para ellos y estos dos se les adelantaron.

> *Entonces se le acercó la madre de los hijos de Zebedeo con sus hijos, postrándose ante él y pidiéndole algo. Él le dijo: ¿Qué quieres? Ella le dijo: Ordena que en tu reino se sienten estos dos hijos míos, el uno a tu derecha, y el otro a tu izquierda. Entonces Jesús respondiendo, dijo: No sabéis lo que pedís. ¿Podéis beber del vaso que yo he de beber, y ser bautizados con el bautismo con que yo soy bautizado? Y ellos le dijeron: Podemos. Él les dijo: A la verdad, de mi vaso beberéis, y con el bautismo con que yo soy bautizado, seréis bautizados; pero el sentaros a mi derecha y a mi izquierda, no es mío darlo, sino a aquellos para quienes está preparado por mi Padre. Cuando los diez oyeron esto, se enojaron contra los dos hermanos.*

La petición de la madre puso al descubierto la competencia y la lucha de poder que había de manera solapada entre los mismos discípulos. Ya había un germen de división y competencia entre ellos. A modo de lección, en vez de recibir la posición que su madre pidió, ellos fueron reprendidos por Jesús. En Mateo 20:25-28 Jesús les dio la lección de servirse unos a otros.

Entonces Jesús, llamándolos, dijo: Sabéis que los gobernantes de las naciones se enseñorean de ellas, y los que son grandes ejercen sobre ellas potestad. Mas entre vosotros no será así, sino que el que quiera hacerse grande entre vosotros será vuestro servidor, y el que quiera ser el primero entre vosotros será vuestro siervo como el Hijo del Hombre no vino para ser servido, sino para servir, y para dar su vida en rescate por muchos.

(Mateo 20:25-28)

Además, les lavó los pies para combatir ese espíritu de orgullo y competencia.

Así que, después que les hubo lavado los pies, tomó su manto, volvió a la mesa, y les dijo: ¿Sabéis lo que os he hecho? Vosotros me llamáis Maestro, y Señor; y decís bien, porque lo soy. Pues si yo, el Señor y el Maestro, he lavado vuestros pies, vosotros también debéis lavaros los pies los unos a los otros. Ejemplo os he dado, para que como yo os he hecho, vosotros también hagáis.

(Juan 13:12-15)

3) Chismes y murmuraciones

Pablo les advierte a los filipenses que se abstengan de murmuraciones (chismes) y contiendas (peleas) mientras están realizando su ministerio. Les dice en el capítulo 2:3 que nada hagáis por contienda y luego repite en el capítulo 2:14: **Hagan todo sin murmuraciones y contiendas.**

Ambas cosas (murmuraciones y contiendas) minimizan el poder de la sinergia, pues desacreditan y debilitan a los miembros del equipo.

El diccionario define contiendas como peleas, riñas, batallas, discusiones y debates, un encuentro entre dos equipos. Hay miembros del equipo que sólo saben funcionar en ambientes de contiendas y chismes, porque en ese ambiente se criaron. Hay iglesias que cada semana inauguran una nueva riña y un nuevo chisme. De hecho, parece que espíritus de chismes y peleas rodean todo lo que hace la iglesia.

El diccionario define murmuración como el acto de hablar entre dientes quejas y disgustos o el acto de hablar mal de alguien en su ausencia. Ninguna cosa baja más el ánimo, la confianza, la motivación y la unidad de una persona, que saber que otros de su mismo equipo están murmurando de ella tras sus espaldas. Cuando chismeamos, estamos afectando o matando la reputación de una persona, sus oportunidades y su futuro y muchas veces ni siquiera sabemos si el rumor que estamos propagando es cierto.

El chisme, aunque sea verdad o tenga parte de verdad, no debe ser promovido, ni autoriza a nadie a chismear. Es algo feo e incorrecto, porque estoy hablando por detrás de la persona, porque estoy hablando de cosas que quizás no me constan, que quizás no son todas ciertas, que no son de mi incumbencia, que no ayudan a resolver la situación y en cambio la empeoran, destruye y afecta a la persona y muestra falta de amor y misericordia.

Vemos que en la palabra el chisme es catalogado como pecado, y debe ser tomado en serio y no con liviandad o algún aceptado culturalmente.

- En Levítico 19:16 se prohíbe andar chismeando entre el pueblo. El mismo texto dice que chismear es atentar contra la vida de tu prójimo; se iguala al homicidio.

- En Romanos 1:30-32 Pablo hace un listado de pecados que traerán muerte y juicio a los que los practican y no se arrepienten. Pablo coloca al mismo nivel los pecados de fornicación, engaños, homicidios, malignidades, detractores, inventores de males y aborrecedores de Dios con los murmuradores. Dice que todos los que practican esos pecados, incluyendo el chisme, son dignos de muerte. Así de serio es la murmuración y el chisme.

- En Mateo 12:36 nos dice que de toda palabra ociosa que hablemos, daremos cuenta en el día del juicio; el chisme cae bajo la categoría de palabras ociosas.

- Marcos 4:24 declara que decir el chisme es tanto pecado como oírlo. "Les dijo también: Mirad lo que oís; porque con la medida con que medís, os será medido, y aun se os añadirá a vosotros los que oís". Jesús enseño que tengamos cuidado con lo que oímos, porque no solamente seremos justificados por lo que hablamos, sino también por lo que oímos. Aun lo que oigo de continuo, vendrá sobre mi vida. Si lo que oigo es chisme, críticas, maldad, mentiras y engaños, eso vendrá sobre mi vida. Para que el chisme progrese, se necesita no solo un chismoso, sino el que oye. Alguien tiene que comprar el chisme.

Algunas consecuencias terribles
que trae el chisme y la murmuración

- Prov. 12:18 dice que las palabras negativas (como las del chisme) son como golpes de espadas (hieren – matan).

- Prov. 16:28 dice que el chisme rompe relaciones importantes como de familia, hermanos de la fe y amigos.

- Prov. 26:20 y Prov. 18:6 dice que el chisme crea contiendas (gemelos).

- Prov. 18:6- 7 dice que el chisme traerá quebrantamiento a la persona. Traerá lazos, trampas incluyendo juicio, maldiciones y atraso a la vida de la persona.

Ejemplos bíblicos

- **En la Iglesia Primitiva (Hechos 6:1-4)**

El crecimiento de la iglesia primitiva provocó que hubiera murmuración entre los hermanos. Los griegos que asistían a la iglesia murmuraron contra los hebreos, porque sus viudas eran desatendidas en la distribución diaria. Esto amenazó la unidad de la iglesia, por lo cual los apóstoles tomaron cartas rápidamente para resolver la situación y evitar consecuencias mayores.

- **Aarón, María y Moisés (Números 12:1-16)**

María y Aarón eran parte del equipo de liderato de Moisés. Ellos murmuraron y criticaron a Moisés por su liderazgo y acciones. Cuestionaron su llamado y todo a sus espaldas. Dios los cita, los confronta y los reprende. Como resultado María queda leprosa por 7 días y es expulsada del campamento. El mensaje es que el chisme viene a ser como la lepra y provocará los mismos resultados. La lepra significaba contaminación, inmundicia y separación de las demás personas. El campamento no pudo seguir adelante por toda esa semana esperando que María se sanara. Esto es otro ejemplo de cómo el chisme afecta a todos. Todo el pueblo fue afectado por esta acción: la agenda, el tiempo, la salud y el avance del pueblo. Hay iglesias llenas de leprosos, detenidas en el desierto, sin avanzar, porque hay chisme en el campamento.

Tenemos que cuidarnos de la tentación de criticar, juzgar y murmurar y especialmente de nuestros pastores y líderes espirituales. Los pastores, por su función de importancia, su liderazgo, su influencia y su continua exposición escénica, son candidatos a la crítica. Lo más que le encanta al enemigo es que los pastores y líderes sean acribillados por los santos. Los pastores como Moisés no están exentos de errores o fallas, pero eso no les da licencia a los santos para criticarlos y desautorizarlos.

Lo que la Palabra enseña es que oremos por el pastor, que le cubramos, le animemos, le demos honra y reconocimiento y que validemos su ministerio. Sabiendo que fue Dios quien le llamó y a Él dará cuenta (Hebreos 13:17 y 1ra Tesalonicenses 5:12-13). Si queremos tener un buen equipo, cada miembro debe tener victoria contra el vicio de la murmuración y el chisme.

- **Mical, la estéril**
Por causa de la murmuración Mical la esposa de David quedo estéril de por vida. Mientras David danzaba con el pueblo, ella desde su ventana lo observaba. El texto dice que lo menospreció en su corazón y murmuró de él. Ella criticó a su esposo por danzar porque según ella al danzar el rey perdió clase, pues se colocó al nivel del pueblo y se hizo vil. David la reprendió e insistió que seguiría danzando para el Señor, y la próxima vez con más fuerzas.

Pero por causa de su murmuración su matriz se secó, y nunca más tuvo hijos hasta el día de su muerte. Su murmuración trajo maldición a su vida.

> *Cuando el arca de Jehová llegó a la ciudad de David, aconteció que Mical hija de Saúl miró desde una ventana, y vio al rey David que saltaba y danzaba delante de Jehová; y le menospreció en su corazón.*
>
> *(2 Samuel 6:16)*

> *Entonces David respondió a Mical: Fue delante de Jehová, quien me eligió en preferencia a tu padre y a toda tu casa, para constituirme por príncipe sobre el pueblo de Jehová, sobre Israel. Por tanto, danzaré delante de Jehová. Y aun me haré más vil que esta vez, y seré bajo a tus ojos; pero seré honrado delante de las criadas de quienes has hablado. **Y Mical hija de Saúl nunca tuvo hijos hasta el día de su muerte.***
>
> *(2 Samuel 6:21-22)*

Siempre habrá un efecto negativo tarde o temprano sobre los que murmuran. María quedó leprosa, Coré se lo tragó la tierra vivo y Mical experimentó esterilidad.

4) Vanagloria

Otra actitud negativa que Pablo les advierte a los filipenses y que debemos evitar entre los miembros del equipo es la vanagloria o el ego inflado. Esto dice Filipenses 2:3:

Nada hagáis por contienda o por vanagloria; antes bien con humildad, estimando cada uno a los demás como superiores a él mismo.

El diccionario define vanagloria como la acción de jactarse de su propio valor y acciones. Es la búsqueda del reconocimiento personal en prejuicio de los demás y del equipo. Es buscar lo que me conviene, pero no necesariamente a los demás. La persona que padece del síndrome de la vanagloria padece, casi siempre, del síndrome de protagonismo.

Protagonismo es el afán de mostrarse como la persona más calificada y necesaria en determinada actividad, independientemente de que posea o no los méritos que lo justifiquen. Es la persona que les tira en la cara sus capacidades a los demás, despreciándolos y adjudicándose ser superior. Es el deseo incontrolado de reconocimiento. Son las personas talentosas con un ego inflado, que, para ellos, solo las cosas salen bien, si ellos son parte del mismo.

El consejo de Pablo es: Si vas a hacer algo, hazlo para gloria de Dios y el bienestar del equipo. Mejor sé humilde y considera a los demás superiores a ti mismo (2:3). A veces algunas personas talentosas suelen tener egos muy grandes. Por eso una de las tareas del líder es ayudarlo a convertir ese ego en confianza, sacrificio y sinergia a favor del equipo.

5) Egoísmo (Filipenses 2:4)

El egoísmo es otra actitud que mina el poder sinérgico. Egoísmo es un amor excesivo a uno mismo que hace atender, de forma desmedida, a sus propios intereses sin tener cuidado de los demás. Pablo advierte a los filipenses sobre tener "agendas personales", el ocuparse solo de buscar lo suyo propio en vez de buscar lo que conviene al equipo. Les dice en el capítulo 2:4: No mirando cada uno por lo suyo propio.

La verdad es que algunos de los que se unen al equipo vienen con una agenda oculta y personal. Pretenden ser parte del equipo, pero su meta final es promover sus propios intereses. Pablo, les dice en el capítulo 2:19-22 que, así como se ha encontrado con muchos que se han acercado a él, queriendo ser colaboradores o hijos espirituales, pero realmente lo que están buscando es lo suyo propio.

Espero en el Señor Jesús enviaros pronto a Timoteo, para que yo también esté de buen ánimo al saber de vuestro estado; pues a ninguno tengo del mismo ánimo, y que tan sinceramente se interese por vosotros. Porque todos buscan lo suyo propio, no lo que es de Cristo Jesús. Pero ya conocéis los méritos de él, que como hijo a padre ha servido conmigo en el evangelio. Así que a éste espero enviaros, luego que yo vea cómo van mis asuntos.

(Filipenses 2:19-22)

En cambio, les da de ejemplo a Timoteo, que en vez de buscar lo suyo propio (egoísmo), se ha ocupado de lo de Pablo con gran cuidado. Porque le ha servido como hijo a padre. Timoteo es sincero, genuino, está con él, no por maximizar sus intereses personales, o para aprovecharse de Pablo, ni tiene agendas ocultas.

En fin, es necesario que cada miembro del equipo entienda esto:

- El éxito del equipo es mayor que los intereses personales.

- Ningún miembro del equipo es más importante que el resto del equipo.

- El miembro del equipo que es maduro sabe que el éxito vendrá junto con el del equipo.

- Los mejores jugadores ponen al equipo primero.

- Los jugadores ganan trofeos, pero los equipos campeonatos.

- El esfuerzo colectivo produce más que el esfuerzo individual.

C9
DELEGACIÓN

*Lo que has oído de mí ante muchos testigos,
esto encarga a hombres fieles que sean idóneos para
enseñar también a otros.*
Apóstol Pablo

El arte de delegar

Este capítulo tiene que ver con el arte o principio de delegar. Formar un equipo inicia con la clara noción y convencimiento que solo no podemos hacer todo y vamos a necesitar asociarnos con otras personas y delegarles tareas y responsabilidades. El avance de toda empresa o institución está ligado al proceso de reclutar y delegar tareas y responsabilidades. Lo cual no siempre es tan fácil y obvio. Requiere discernimiento, evaluación, oración, entrevistas, entre otros pasos, cosas que no siempre las hacemos, sea por ignorancia, presión de nombrar alguien por la vacante o presión de otras personas.

Definición

Se puede definir la palabra delegar como el acto de dar poder, funciones o responsabilidades a una persona u organización para que los ejerza en su lugar, o representación suya. Conforme a esa definición la delegación no es un simple acto de apoderar a otros para que hagan diferentes gestiones. No es un acto para salir del paso. Ellos representan a los que les dieron el poder y actúan a nombre de ellos. Esto es serio para aquellos que han de delegar. Su reputación e imagen está en juego. La delegación implica que el elemento de confianza y lealtad está presente. A su vez a los que se le delega ese poder, deben entender el gran compromiso que cargan pues deben responder a la confianza dada y entender que el bienestar de la compañía o institución depende de sus gestiones delegadas. No se deben aceptar las responsabilidades si no estamos dispuestos a responder a dicha confianza.

Delegar es clave porque hay cosas que ciertamente podemos hacer por nosotros solos, pero son muy limitadas. Crecimiento, calidad y tiempo está conectado a la delegación. En cambio, cuando nos negamos a delegar en otros y pretendemos hacerlo todo nosotros habrá consecuencias negativas tales como:

- Tomará más tiempo realizar nuestras tareas.

- Se afectará la calidad del trabajo que realizamos.

- Serán menos los resultados que alcanzaremos.

- Desperdiciaremos los recursos de personas que están a nuestro lado.

- Se afectará la salud del líder que no delega (emocional y físicamente).

Si queremos crecer, expandirnos, progresar, avanzar y alcanzar nuestras metas necesitaremos delegar en otros aquellas tareas que sobrepasan nuestro tiempo y capacidades. Un buen líder, reconoce lo que puede hacer y lo que no puede hacer (sus áreas fuertes y débiles). Un buen líder reconoce el potencial de otros y se asocia con ellos a fin de lograr las metas. Sin embargo, a muchos líderes se les hace muy difícil delegar.

Este fue el caso del profeta Elías. Creo que parte de la frustración y agotamiento que lo lleva a huir de Jezabel y esconderse en una cueva fue el enfrentar el reto de los sacerdotes el solo. Había peleado muchas y fuertes batallas contra Jezabel, Acán y los sacerdotes de Baal. Básicamente lo vemos solo en el encuentro en el monte Carmelo. Él lo hace todo solo: reta a los sacerdotes, arregla el altar, degolló a todos los toros y lleva a cabo los sacrificios como también ejecuta a los sacerdotes. Todo lo anterior implica un gran esfuerzo físico, emocional y espiritual sostenido por un gran tiempo. De modo que cuando se entera de la determinación de la reina de matarlo, emocionalmente se desmorona. En términos modernos a este asunto se le llamaría el síndrome de la quemazón vocacional.

> *Y Elías volvió a decir al pueblo: sólo yo he quedado profeta de Jehová, mas de los profetas de Baal hay cuatrocientos cincuenta hombres.*
>
> *(1 Reyes 18:22)*

El profeta piensa que ha quedado él solo y desea morir y terminar su ministerio. Realmente él no había quedado solo, habían más profetas en Israel que no habían doblado rodillas a Baal, pero de alguna forma él no se contactó con ellos, no delegó, ni formó un equipo. Por lo tanto, terminó ministrando solo, al menos en esa temporada de su vida. Todo esto produjo en él fatiga y estrés que lo llevó a un cansancio y a un sentido de fracaso, al punto de desear terminar su ministerio y morir. Vemos que ante la amenaza de Jezabel decide huir y esconderse en una cueva bajo un ataque de depresión y victimización. Estos son algunos de los efectos cuando no delegamos.

> Y él se fue por el desierto un día de camino, y vino y se sentó debajo de un enebro; y deseando morirse, dijo: basta ya, oh, Jehová, quítame la vida, pues no soy yo mejor que mis padres.
>
> (1 Reyes 19:4)

Es aquí donde vemos la importancia de Eclesiastés 4:9, que nos deja saber que mejor son dos que uno, porque si uno cae, el otro lo levanta. La ausencia de delegar y trabajar solo nos puede llevar a un estrés, ansiedad y presión que como Elías nos puede llevar abandonar todo y encerrarnos en una cueva a morir.

A continuación, algunas razones o condiciones que evitan a personas poder delegar en otros:

1. El Síndrome de Saúl

¿Qué es el síndrome de Saúl? Inseguridad. Son aquellos líderes que se abstienen de delegar tareas y formar equipo porque se siente amenazados o inseguros de sus capacidades. Sobre todo, cuando están rodeados de otros líderes capaces y de mucha experiencia. Recordemos que Saúl reclutó al joven David para que fuera parte de su ejército después de él haber matado a Goliat. Entonces salieron a enfrentar a los ejércitos enemigos, donde David tuvo un gran éxito como gladiador. Lo que molestó a Saúl fue la canción que el pueblo compuso para celebrar las victorias, donde le daban más crédito a David que a él.

> *Aconteció que cuando volvían ellos, cuando David volvió de matar al filisteo, salieron las mujeres de todas las ciudades de Israel cantando y danzando, para recibir al rey Saúl, con panderos, con cánticos de alegría y con instrumentos de música. Y cantaban las mujeres que danzaban, y decían: Saúl hirió a sus miles, Y David a sus diez miles. Y se enojó Saúl en gran manera, y le desagradó este dicho, y dijo: A David dieron diez miles, y a mí miles; no le falta más que el reino. Y desde aquel día Saúl no miró con buenos ojos a David.*
>
> *(1 Samuel 18:6-9)*

El éxito de David causó celos y molestia en Saúl, al punto que quiso matarlo y David tuvo que huir para salvar su vida. Debido a la inseguridad de Saúl perdió su mejor gladiador el que le era fiel. Los celos, miedos e inseguridad en cualquier líder le impedirán poder reclutar lo mejor y menos disfrutar del éxito de ellos. Una cosa que ese líder tenga la intencionalidad de dividir el equipo otra cosa es la inseguridad del líder principal. Algunos líderes para evitar este problema simplemente reclutan personas menos calificadas que él mismo, a fin de sentirse cómodo, pero sacrifican la calidad de su equipo. Para delegar el líder debe ser una persona segura de sí misma.

2. Síndrome del Llanero Solitario

¿Qué es el del síndrome del llanero solitario? Individualismo. Son aquellos que están plenamente convencidos que no necesitan a nadie para alcanzar sus metas. Aunque logren menos, prefieren trabajar solos. Su slogan es: "solo es mejor". Son aquellos que creen que tienen todas las habilidades y recursos para llevar a cabo lo que hay que hacer. Estos son los que pretenden tocar todos los instrumentos de la orquesta, cantar y además dirigirla (Hombre Orquesta). Sabemos que esto es imposible.

Nadie puede estar en muchos lugares a la misma vez. Son los nuevos "Rambos" del 2020. Con "Rambo" todo el ejército estaba de más. También los podemos llamar los Líderes Pulpos. El pulpo tiene muchos tentáculos (brazos), que mueve y sirven para agarrar muchas cosas a la vez, pero el ser humano solo tiene dos manos. Su capacidad de agarrar, tocar, poseer y soltar está limitada. Ser multifacético es una cosa, ser Dios es otra. Aun el multifacético tiene que concentrarse en dos o tres áreas y delegar las otras áreas si quiere ser efectivo. Son aquellos que desconocen sus límites.

3. Heridas emocionales

Son aquellos que delegaron en otras personas, los reclutaron, los posicionaron y, pero pasado el tiempo estas personas faltaron a su confianza. No fueron fieles o leales y se aprovecharon del espacio, posición, poder y acceso adquirido para promover su agenda particular. Robaron, causaron división y problemas, debilitando el grupo o empresa donde trabajaba. Sobre todo, haciendo quedar mal a la persona que les reclutó. La verdad es que esta es una realidad que todo líder ha enfrentado, una experiencia dura y triste. ¿Quién no ha tenido que liderar con un Absalón, un Coré, un Alejandro el calderero o un Judas? Pregúntele a David, Moisés, Pablo y a Jesús mismo.

Hoy en día hay muchos líderes, administradores y empresarios que están heridos emocionalmente y presos en la amargura por esta causa. Algunos renunciaron a ministerios o posiciones y jamás se pudieron recuperar de ese golpe. Otros decidieron, basados en esa experiencia, trabajar solos. Decidieron no confiar en nadie nunca más. Pero la verdad es que es imposible avanzar a gran escala si estamos heridos emocionalmente. El reto es poder sanarnos a fin de poder confiar nuevamente añadiendo más cuidado en la delegación. Pero siempre el delegar conlleva un nivel de riesgo, que vale la pena tomar, porque los beneficios de la delegación superan los riesgos.

En resumen: Como líderes principales debemos estar sanos y libres. Tenemos que soltar todo peso negativo y emoción tóxica, sanar nuestras memorias y seguir adelante. Tenemos que soltar todo mecanismo de defensa que levantamos para protegernos y que nadie más nos vuelva a herir. Eso no significa ser ingenuos y no aprender nada de esas experiencias. Pero no se debe ir al extremo de no delegar y operar como un llanero solitario o renunciar al llamado de ser un buen líder y formar a otros. Si hemos de ser líderes exitosos al frente de un gran equipo tenemos que superar todas esas condiciones que nos pueden impedir el arte de delegar. Al delegar activamos la sinergia, podemos formar un gran equipo y avanzar en la realización de la visión.

El caudillo Moisés: Al principio de su ministerio Moisés el gran líder confrontó esa situación. Él estaba al frente de una gran multitud. Tuvo la gran tarea de sacarlos de la tierra de esclavitud, atravesar el desierto y llevarlos a la tierra prometida. A la vez tenía que resolver los problemas y conflictos que surgían dentro del pueblo. Éxodo 18: 13 nos deja saber que Moisés acostumbraba a juzgar al pueblo desde la mañana hasta la tarde (él solo).

> *Aconteció que al día siguiente se sentó Moisés a juzgar al pueblo; y el pueblo estuvo delante de Moisés desde la mañana hasta la tarde.*

El versículo 14 nos dice que Moisés recibió la visita de su suegro Jetro. Él estuvo observando todo el día a Moisés en sus gestiones.

> *Viendo el suegro de Moisés todo lo que él hacía con el pueblo, dijo: ¿Qué es esto que haces tú con el pueblo? ¿Por qué te sientas tú solo, y todo el pueblo*

está delante de ti desde la mañana hasta la tarde? Y Moisés respondió a su suegro: *Porque el pueblo viene a mí para consultar a Dios. Cuando tienen asuntos, vienen a mí; y yo juzgo entre el uno y el otro, y declaro las ordenanzas de Dios y sus leyes.*

Jetro se dio cuenta que, aunque lo que Moisés hacia era a favor del pueblo y que en su corazón como líder lo que quería era ayudar al pueblo, no estaba bien lo que hacía.

Entonces el suegro de Moisés le dijo: no está bien lo que haces. Desfallecerás del todo, tú, y también este pueblo que está contigo; porque el trabajo es demasiado pesado para ti; no podrás hacerlo tú solo. Oye ahora mi voz; yo te aconsejaré, y Dios estará contigo. Está tú por el pueblo delante de Dios, y somete tú los asuntos a dios. y enseña a ellos las ordenanzas y las leyes, y muéstrales el camino por donde deben andar, y lo que han de hacer. Además, escoge tú de entre todo el pueblo varones de virtud, temerosos de Dios, varones de verdad, que aborrezcan la avaricia; y ponlos sobre el pueblo por jefes de millares, de centenas, de cincuenta y de diez. Ellos juzgarán al pueblo en todo tiempo; y todo asunto grave lo traerán a ti, y ellos juzgarán todo asunto pequeño. Así aliviarás la carga de sobre ti, y la llevarán ellos contigo. Si esto hicieres, y Dios te lo mandare, tú podrás sostenerte, y también todo este pueblo irá en paz a su lugar.

(Éxodo 18: 17-23)

Moisés no estaba ejecutando bien porque estaba trabajando fuertemente pero no sabiamente. Él estaba haciendo una tarea enorme solo. Demostró con ello el síndrome de Rambo o el Llanero Solitario. Jetro le deja saber que él no podría sostenerse en esa capacidad por largo tiempo y que su efectividad iría disminuyendo con el tiempo. Entonces le dice: "Vas a desfallecer tú y el pueblo, y no llegarán a su destino". "El trabajo es demasiado pesado para ti, no podrás hacerlo tú solo." Necesitas delegar, necesitas un equipo.

Jetro pone en forma clara el peligro de trabajar fuerte, de todo corazón, de ser fiel al llamado, de hacer lo que Dios nos mandó hacer, pero solos. Con claridad le dice que eso está mal. Muchos buenos líderes con fuertes llamados del Señor han partido antes de tiempo, han enfermado, o han tenido que retirarse prematuramente por hacer lo que Moisés estaba haciendo por años. Trabajar fuertes pero solos. Delegar bien puede extender nuestro ministerio y tendremos una mejor salud como resultado. Viviremos más, estaremos más contentos y seremos mucho más efectivos.

Jetro le aconseja que implemente el arte de reclutar y delegar. Que delegue algunas de las tareas a varones virtuosos y temerosos del Señor y que él se quede al frente de las más importantes. Como líderes debemos estar libres de creer que si no estamos en todos los comités, juntas, eventos y reuniones las cosas no saldrán bien. Que, si no sabemos y controlamos todo, entonces habrá un caos. El *"issue"* de control nos limita a delegar. Además, estamos castrando a los otros varones de virtud y temerosos de Dios, que el mismo Dios ha puesto a nuestro lado para ayudarnos. Eso es una tragedia para los posibles miembros del equipo, para el líder principal y para el resto de la congregación.

Hubo un tiempo en nuestras iglesias donde se exigía que el pastor funcionara como hombre orquesta. Se esperaba que abriera y cerrara el templo, que guiara la guagua de la iglesia, que iniciara el culto con la motivación y primera oración. Además, si podía tocar el piano o la guitarra mejor todavía, diera los anuncios, bendijera las ofrendas, predicara, hiciera el llamado, orara por los enfermos y diera la bendición final. Por el día debería visitar los enfermos, dar consejería, atender alguna reunión, comprar los elementos de la Santa Cena y preparar el mensaje o estudio de la noche. Moisés se quedaba corto, como dicen en mi barrio,

"Moisés era un niño en pañales". Todos necesitamos a un "Jetro" que nos recuerde que "nadie solo ha hecho grandes cosas". Que nos recuerde nuestras limitaciones, vulnerabilidad y nos haga reconocer que Dios ha puesto personas capaces a nuestro lado para ayudarnos en la tarea y que debemos emplearlas. No seamos como Elías y Moisés en este punto.

Delegar exige un real proceso de discernimiento y evaluación.

No delegar es un gran error, delegar en cualquiera es un error más grande todavía. Reclutar y delegar tareas no se puede hacer por llenar la plaza o para quitarnos peso de encima. Reclutar y delegar es una tarea que exige discernimiento, oración y evaluación. Muchos creen que porque hay una plaza disponible y hay una persona disponible es suficiente, su meta es llenar la plaza y no tanto con quien la llenan.

Muchos creen que, porque una persona es talentosa, habilidosa o tiene los recursos que necesitamos para la posición es más que suficiente. Otros delegan por amiguismo, familiaridad o porque otras personas de influencia le imponen la persona. Pero delegar exitosamente es un proceso que tiene criterios a seguir. No debemos ser ingenuos, ni tener prisa. Pablo le dio un gran consejo a su hijo espiritual el pastor Timoteo respecto al arte de delegar

> *Lo que has oído de mí ante muchos testigos, esto encarga a hombres fieles que sean idóneos para enseñar también a otros.*
>
> *(2 Timoteo 2:2)*

Pablo le dijo ciertamente tú no puedes hacer la tarea solo así que busca gente que te ayude en tu ministerio. Pero le dio criterios a la hora de seleccionar ese equipo. Le dijo: Que sean gente fiel e idóneos para el ministerio aparte de tener el don de enseñar. Eso implicaba el uso del don de discernimiento y el proceso de evaluación. Enseñar es el don que se requiere, pero enseñar y ser idóneo es más exigente. Discernimiento para comprobar que no solo puede enseñar, pero ser idóneo es imperativo.

Jetro le dio criterios a Moisés también a la hora de seleccionar su equipo. No le dijo solamente busca varones que te ayuden, pero que sean varones de virtud, temerosos de Dios y que no se vendan por dinero. En ambos casos reclutar y delegar exigían observación, evaluación, evidencia de su carácter y efectividad.

> *Además, escoge tú de entre todo el pueblo varones de virtud, temerosos de dios, varones de verdad, que aborrezcan la avaricia; y ponlos sobre el pueblo por jefes de millares, de centenas, de cincuenta y de diez. ellos juzgarán al pueblo en todo tiempo; y todo asunto grave lo traerán a ti, y ellos juzgarán todo asunto pequeño. Así aliviarás la carga de sobre ti, y la llevarán ellos contigo.*
>
> *(Éxodo 18:21-22)*

El Señor mismo le dio otro criterio a Moisés para la hora de seleccionar su equipo. Él dijo es necesario que tengan la misma visión y que sean de tu mismo espíritu. A fin de que puedan ser fieles, y leales. ¡Si yo hubiera sabido ese criterio más temprano en mi ministerio! La gente que más dolores de cabeza me han dado en el ministerio han sido los que yo mismo seleccioné basado solo en sus habilidades y carácter, pero pasando por alto que no tenían de mi espíritu y ni la visión. Al final muchos hicieron cosas bien hechas, pero fueron desleales y terminaron retando mi posición y visión.

> *Entonces Jehová dijo a Moisés: Reúneme setenta varones de los ancianos de Israel, que tú sabes que son ancianos del pueblo y sus principales; y tráelos a*

la puerta del tabernáculo de reunión, y esperen allí contigo. Y yo descenderé y hablaré allí contigo, y tomaré del espíritu que está en ti, y pondré en ellos; y llevarán contigo la carga del pueblo, y no la llevarás tú solo.

(Números 11:16-17)

Nos podemos evitar grandes dolores de cabeza y problemas si tomamos tiempo para establecer criterios y oramos antes de posicionar rápidamente a las personas. La verdad es que somos muy rápidos (a veces muy emocionales) en reclutar, posicionar, delegar y muy lentos y tímidos en removerlos cuando es necesario.

Delegar exige supervisión y evaluación

El éxito de la delegación exige supervisión y evaluación. Muchos reclutan, posicionan y delegan y entonces se olvidan de la persona y su efectividad en lo que hace. Luego entonces se dan cuenta de que hay mala administración, fallas, errores, abuso, ausentismo, robo, etc. Delegar va de la mano de la supervisión y evaluación sistemática. Es posible que la persona se enderece si a tiempo se le confronta y se ayuda. Hay gente que empieza bien, pero pasado el tiempo, se descuidan, el poder los envanece, ceden a tentaciones y si no tienen un sistema de contabilidad periódica terminan haciendo más mal que bien.

Todo al que se le delega debe entender que deberá dar cuentas de manera sistemática. Cuando se recluta y se delega debe haber una hoja de contrato. Usando la misma se puede evaluar de manera más justa y real. Este contrato o acuerdo laboral debe incluir al menos:

- Requisitos para el puesto

- Tareas a realizar (funciones)

- Nivel de autoridad (superior, subordinados, e iguales) (organigrama)

- Salarios y beneficios si algunos

- Evaluación (establecer cada cierto tiempo) y por quien.

- Duración y extensión de la posición

Esta hoja de responsabilidad y contrato debe ser discutida ampliamente por ambos, llegar a un acuerdo y ser firmada en presencia de otros miembros del equipo timón. Llevándolo al aspecto eclesial luego debe ser ungido, y hacer un pacto de compromiso y fidelidad.

Criterios para reclutar empleados según el empresario Jack Welch.

Jack Welch quien fue gerente general de la compañía General Electric dijo que una de las tareas más brutal y difícil de cualquier gerente es reclutar un gran personal. Él dijo: "Esta tarea no debe realizarse ligeramente porque ganar en última hora es tener la gente adecuada en el campo. "¿De qué vale toda la tecnología del mundo sin tener a la vez un gran personal que lo ponga a trabajar? A la hora de realizar la entrevista para reclutar personal según Welch debemos tener en cuenta varios factores:

- Integridad y autenticidad

- Inteligencia

- Madurez

- Ver si es una persona con energía positiva

- Si tiene la habilidad de energizar a otros

- Si tiene el valor de tomar decisiones.

- Si tiene la habilidad de ejecutar lo encargado

- Si refleja pasión

- Si sabe seguir la línea de autoridad

- Si sabe trabajar en equipo (sinergia)

El potencial y la efectividad del equipo están ligados a la calidad de todos los miembros del equipo.

John Maxwell dijo que un error común que comenten los visionarios o líderes es poner todo su esfuerzo en la visión, descuidando quiénes forman el equipo, a quienes reclutan para llevar a cabo esa visión. Él dice que este es un gran error porque son los miembros los que empujarán la visión o la aniquilarán. Dicho de otra manera: Un gran sueño con un mal equipo es igual a una gran pesadilla.

Así de importante son los miembros del equipo. La verdad es que no toda persona puede ser parte de tu equipo. No todos cualifican para ser parte de tu equipo y no debe haber problema con eso.

- Habrá gente muy hábil cercana a ti, sin embargo, no les interesa tu visión, no tienen el mismo deseo, ni compromiso ni expectativas que tú, por lo tanto, es mejor que no estén en tu equipo.

- Los miembros del equipo que se desempeñen con menor grado de efectividad afectarán la labor excelente de los miembros eficientes y al final el equipo en su totalidad se verá perjudicado. Los miembros ineficientes y los que no desean superarse deben ser removidos del equipo, pues a la larga afectarán el desempeño y el avance de todo el equipo. Cada miembro del equipo es como un eslabón de una cadena, la cadena partirá por el eslabón más débil. La fuerza de una cadena reside en el eslabón más débil.

Maxwell ofreció el siguiente ejemplo para mostrar el efecto cuando un solo miembro del equipo que esté por debajo del nivel de los demás. Si el esfuerzo o rendimiento de cada miembro del equipo se midiera del 1 al 10, donde 1 es el esfuerzo mínimo y 10 el esfuerzo máximo, el rendimiento de un equipo de 5 miembros donde cada cual da el máximo sería:

$$10 \times 10 \times 10 \times 10 \times 10 = \boxed{100,000}$$

Si tan sólo un miembro reduce su rendimiento de 10 a 5, el rendimiento del equipo sería de un 50% menos. 50% de menos efectividad solo por un miembro deficiente.

$$10 \times 10 \times 10 \times 10 \times 5 = \boxed{50,000}$$

Los miembros del equipo que se desempeñen con menor grado de efectividad afectarán la labor excelente de los miembros eficientes y al final el equipo en su totalidad se afecta. Como dice el refrán una manzana podrida tiene el potencial de podrir muchas más, el menor mal es remover la manzana podrida que esperar pasivamente que se dañe todo el saco de manzanas.

Delegar exige tener el valor de remover aquellos líderes que reclutamos y en quienes delegamos pero que fallan en su rol.

Estamos hablando aquí de la dinámica de reclutar y remover. Remover de su posición a los miembros del equipo que no dan el grado es una de las tareas del líder principal más difícil y tediosa, pero necesaria si no queremos comprometer el avance del equipo. El mismo poder y autoridad que tenemos para reclutar, apoderar, delegar, tenemos para remover y despedir. Es interesante como muchas personas reconocen el poder del líder de reclutar y posicionar, pero no el poder de removerlos si es necesario. Remover es necesario si se compromete la seguridad, progreso de la empresa, no es más digno de confianza o hay muestras de que no puede ser efectivo. Este acto de evaluar, confrontar y remover es una de las responsabilidades vitales del líder principal. Dolorosa, fuerte, pero necesaria para el continuo progreso del equipo. Es parte de la madurez, seriedad que debe exhibir el líder principal. Muchas personas quieren ser líder principal pero su entendimiento de esa posición es limitado. Están enamorados del "frosty" del bizcocho, de la parte agradable del liderazgo, pero no de la presión.

Es importante clarificar que hay todo un proceso o protocolo para este difícil y retador paso que debe ser iniciando con mucha oración y asesoramiento con otros líderes. Hay leyes que protegen a los empleados. También está el bienestar de la empresa o institución y hay que cuidarlo, sobre todo si se les está pagando salario y beneficios. Remover, aunque sea doloroso es el paso necesario en muchas ocasiones para el bien de la institución. La alternativa de ser removido o pedirle la renuncia debería estar claro desde el inicio del proceso de reclutamiento. Hacer iglesia como equipo exige personas capaces, fieles, efectivas y comprometidas. Eso no es negociable. Delegar bien es la clave para mantener la sinergia.

C10
AUTORIDAD

Os rogamos, hermanos, que reconozcáis a los que trabajan entre vosotros, y os presiden en el Señor, y os amonestan; y que los tengáis en mucha estima y amor por causa de su obra. Tened paz entre vosotros.
Apóstol Pablo

Si queremos hacer Iglesia como un poderoso equipo, entonces cada líder y cada miembro del equipo debe entender y fluir con el concepto de autoridad. Ninguna organización o equipo podrá ser efectivo, si se violenta o se mal usa la autoridad que se les ha dado. De hecho, una de las muchas situaciones que los equipo enfrentan son conflictos de autoridad y poder. La realidad es que cada miembro del equipo llega con su propio entendimiento y experiencia personal sobre el concepto de autoridad.

¿Conoce usted estos dichos? Muchos caciques, pero pocos indios o donde manda capitán, no manda marinero. O este que dice: dos cangrejos machos no caben en la misma cueva. Todos muestran el problema de la autoridad. La realidad es que a lo largo de la vida y donde quiera que vayamos tenemos que lidiar con *"issues"* de autoridad; tendremos que decidir cómo ejercer la autoridad y cómo acatar la autoridad.

Cada persona, en diferentes niveles, está bajo autoridad y a la vez, en diferentes niveles, está en autoridad. John Maxwell habla del concepto 360°. Esto es que hay gente por encima de mí en autoridad, a la vez tengo personas debajo de mi cargo bajo mi autoridad y finalmente estoy interactuando a derecha e izquierda con gente al mismo nivel de mi autoridad. Con todos esos niveles tengo que aprender a funcionar o fluir en autoridad. De hecho, están tan relacionado que la efectividad de cada lado afecta las demás áreas. Es interesante que mientras muchas veces retamos a aquellos bajo los cuales estamos en autoridad, paralelamente reclamamos sumisión de los que están bajo nuestra autoridad. ¿Cómo pretendemos que se respete nuestra autoridad cuando socavamos la autoridad de los demás?

Las líneas de autoridad

Una de las primeras cosas que todo líder y miembro del equipo debe tener evidentemente clara es: ¿Cuáles son las líneas de autoridad en que va a funcionar? Esto es: ¿A quién doy cuenta? ¿Quién me supervisa? ¿Quién es mi jefe inmediato? A la vez, debo saber claramente: ¿Quiénes están bajo mi autoridad? ¿Cuáles son mis límites en el área de la autoridad? Tener esto claro es básico para fluir efectivamente con la autoridad dada y para que el equipo sea beneficiado.

Veamos los siguientes cuatro principios bíblicos sobre la autoridad basados en Romanos 13:1-5:

Sométase toda persona a las autoridades superiores; porque no hay autoridad sino de parte de Dios, y las que hay, por Dios han sido establecidas. De modo que quien se opone a la autoridad, a lo establecido por Dios resiste; y los que resisten, acarrean condenación para sí mismos. Porque los magistrados no están para infundir temor al que hace el bien, sino al malo. ¿Quieres, pues, no temer la autoridad? Haz lo bueno, y tendrás alabanza de ella; porque es servidor de Dios para tu bien. Pero si haces lo malo, teme; porque no en vano lleva la espada, pues es servidor de Dios, vengador para castigar al que hace lo malo. Por lo cual es necesario estarle sujetos, no solamente por razón del castigo, sino también por causa de la conciencia.

1. Toda autoridad legítima fue establecida por Dios mismo

Porque no hay autoridad sino de parte de Dios, y las que hay, por Dios han sido establecidas.   (vr. 1)

La autoridad no fue el invento del ser humano, sino de Dios mismo. En el cielo mismo hay gobierno, autoridades y cadena de mando. Cuando Dios creó el Huerto del Edén y puso a Adán y a Eva, no sólo los colocó allí, sino que les dio una posición; les dio responsabilidades y les confirió autoridad y poder para gobernar. Era imposible para ellos tener una posición, pero no tener poder; era imposible tener tareas que realizar, pero sin tener autoridad. Toda posición tiene un nivel de autoridad que lo acompaña.

2. Las autoridades fueron establecidas por Dios para nuestro bienestar

¿Quieres, pues, no temer la autoridad? Haz lo bueno, y tendrás alabanza de ella; porque es servidor de Dios para tu bien. *(vr. 4)*

Podemos definir autoridad como el uso del poder legítimo dado para gobernar o ejercer mando. Entonces el fin primordial de gobernar es asegurar el bienestar, la seguridad y el orden para poder realizar lo que se nos encomendó a nivel personal y como equipo. Sin las autoridades correspondientes, surgiría el caos, el descontrol y la anarquía. En ese tipo de ambiente no se puede vivir ni funcionar.

3. Debemos obedecer las autoridades establecidas por Dios.

Sométase toda persona a las autoridades superiores; *(vr. 1a)*

Siendo que son para nuestro bien y fueron establecidas por Dios, entonces debemos reconocer y someternos a las mismas. En vez de rebelarnos y desobedecerlas, debemos obe-decerlas y someternos a ellas. Es interesante recordar que Jesucristo operó en su vida bajo el principio de la obediencia, mientras que Satán operó en desobediencia y rebeldía. Cuando caminamos en rebeldía y desobediencia a nuestras autoridades estamos identificándonos más con Satán que con Jesús.

4. Rebelarnos contra las autoridades establecidas por Dios tendrá un efecto o una consecuencia negativa y desastrosa en nuestra vida.

> *De modo que quien se opone a la autoridad, a lo establecido por Dios resiste; y los que resisten, acarrean condenación para sí mismos.* (vr. 2)

El texto dice que quien tal cosa haga acarrea condenación contra sí. Porque, en última instancia, es contra Dios que se está oponiendo y no contra la persona, pues fue Dios quien estableció la autoridad. Cuando caminamos en condenación y juicio, no avanzamos mucho. De esta manera la visión del equipo u organización de la cual somos parte tampoco avanzará mucho. En la obediencia hay bendición. Cuando el enemigo quiere afectar la efectividad de la iglesia promueve la rebelión y la desobediencia a los líderes y al orden.

Algunos ejemplos de autoridades bíblicas establecidas por Dios

El llamado es a sujetarnos a estas autoridades y a ejercer la autoridad delegada con sabiduría, con respeto y con integridad. Nadie puede estar "por la libre".

1) Dios

Dios mismo es la autoridad inherente sobre toda la creación, sobre el ser humano y sobre sus hijos. A él debemos someternos todos.

Salmo 24:1-2 – *"De Jehová es la tierra y su plenitud; el mundo, y los que en él habitan. Porque él la fundó sobre los mares, y la afirmó sobre los ríos".*

Salmo 95:6-7 – *"Venid, adoremos y postrémonos; arrodillémonos delante de Jehová nuestro Hacedor. Porque él es nuestro Dios; nosotros el pueblo de su prado, y ovejas de su mano" ...*

Santiago 4: 7a – *"Someteos, pues, a Dios" ...*

2) El matrimonio

El esposo es reconocido como la cabeza de la esposa, y debe usar esa autoridad para bendecir, cuidar y amar a su esposa, no para abusar de ella.

Efesios 5:22-33- *Las casadas estén sujetas a sus propios maridos, como al Señor; 23 porque el marido es cabeza de la mujer, así como Cristo es cabeza de la iglesia, la cual es su cuerpo, y él es su Salvador. Así que, como la iglesia está* sujeta a Cristo, así también las casadas lo estén a sus maridos en todo. Maridos, amad a vuestras mujeres, así como Cristo amó a la iglesia, y se entregó a sí mismo por ella, para santificarla, habiéndola purificado en el lavamiento del agua por la palabra, ²a fin de presentársela a sí mismo, una iglesia gloriosa, que no tuviese mancha ni arruga ni cosa semejante, sino que fuese santa y sin mancha. Así también los maridos deben amar a sus mujeres como a sus mismos cuerpos. El que ama a su mujer, a sí mismo se ama. Porque nadie aborreció jamás a su propia carne, sino que la sustenta y la cuida, como también Cristo a la iglesia, porque somos miembros de su cuerpo, de su carne y de sus huesos. Por esto dejará el hombre a su padre y a su madre, y se unirá a su mujer, y los dos serán una sola carne. Grande es este misterio; mas yo digo esto respecto de Cristo y de la iglesia. Por lo demás, cada uno de vosotros ame también a su mujer como a sí mismo; y la mujer respete a su marido.

3) Padres- hijos

Los padres son autoridad sobre sus hijos y su responsabilidad es criarlos para que alcancen su destino y cumplan su propósito. De igual manera los hijos deben honrar a sus padres, pero los padres no pueden abusar de ellos.

Efesios 6:1-5- Hijos, obedeced en el Señor a vuestros padres, porque esto es justo. [2] Honra a tu padre y a tu madre, que es el primer mandamiento con promesa; [3] para que te vaya bien, y seas de larga vida sobre la tierra. [4] Y vosotros, padres, no provoquéis a ira a vuestros hijos, sino criadlos en disciplina y amonestación del Señor. [5] Siervos, obedeced a vuestros amos terrenales con temor y temblor, con sencillez de vuestro corazón, como a Cristo".

4) Jefes – empleados

Los empleados deben reconocer a sus jefes, y cumplir con lo que de ellos se espera, pero los jefes no pueden abusar de sus empleados ni aprovecharse de su posición.

Efesios 6:5-9- Siervos, obedeced a vuestros amos terrenales con temor y temblor, con sencillez de vuestro corazón, como a Cristo; no sirviendo al ojo, como los que quieren agradar a los hombres, sino como siervos de Cristo, de corazón haciendo la voluntad de Dios; sirviendo de buena voluntad, como al Señor y no a los hombres, sabiendo que el bien que cada uno hiciere, ése recibirá del Señor, sea siervo o sea libre. Y vosotros, amos, haced con ellos lo mismo, dejando las amenazas, sabiendo que el Señor de ellos y vuestro está en los cielos, y que para él no hay acepción de personas.

5) Pastores (líderes espirituales) y la congregación

Los líderes espirituales están para guiar, enseñar y pastorear a su grey, pero no para aprovecharse de ellos. De igual forma la grey debe reconocerles, amarles, estimarles y obedecerles.

> **1ra Tesalonicenses 5:12-13-** *Os rogamos, hermanos, que reconozcáis a los que trabajan entre vosotros, y os presiden en el Señor, y os amonestan; y que los tengáis en mucha estima y amor por causa de su obra. Tened paz entre vosotros.*

> **Hebreos 13:17-** *Obedeced a vuestros pastores, y sujetaos a ellos; porque ellos velan por vuestras almas, como quienes han de dar cuenta; para que lo hagan con alegría, y no quejándose, porque esto no os es provechoso.*

> **1ra Pedro 5:2-** *Apacentad la grey de Dios que está entre vosotros, cuidando de ella, no por fuerza, sino voluntariamente; no por ganancia deshonesta, sino con ánimo pronto.*

6) Gobernantes y el pueblo

El pueblo debe de igual manera reconocer a sus gobernantes y orar por ellos. Los gobernantes deben gobernar con justicia y para el bienestar del pueblo.

> **Romanos 13:1-** *Sométase toda persona a las autoridades superiores; porque no hay autoridad sino de parte de Dios, y las que hay, por Dios han sido establecidas.*

> **1ra Timoteo 2:1-2-** *Exhorto, ante todo, a que se hagan rogativas, oraciones, peticiones y acciones de gracias, por todos los hombres; por los reyes y por todos los que están en eminencia, para que vivamos quieta y reposadamente en toda piedad y honestidad.*

Algunos modelos de autoridad

1. Modelo Anárquico (*Laissez-faire*)

Realmente lo que este modelo plantea es la ausencia de autoridad, donde cada cual hace lo que quiere, sin sujetarse ni dar cuenta a nadie. Esto les gusta a muchos porque interpretan libertinaje como libertad. Sobre todos a los que no les fluye someterse a las autoridades. Pero sin protocolo y líneas definidas de autoridad el resultado será desorden, anarquía, confusión, relajo y finalmente el atraso y muerte del equipo.

Este modelo también se activa cuando el líder no usa su autoridad o no se atreve a tomar decisiones. Cuando no se atreve a implantar, corregir o confrontar, porque tiene miedo a equivocarse, miedo a la crítica, miedo a las opiniones de los demás o miedo al enfrentamiento. Cuando el líder prefiere estar bien con todo el mundo, dejando a cada cual que decida lo que quiera, se producirá el caos, la confusión, el desorden y el atraso de la visión. Tarde o temprano alguien tomará acción, liderazgo y vendrá a ser el líder.

Hay muchas personas que fluyen con este tipo de ambiente, porque crecieron en un entorno disfuncional (hogar y vecindario), donde se violaban las leyes y el orden, y se despreciaba la autoridad. Cada vez que estas personas llegan a un lugar de orden, se sienten incómodas y comienzan a presionar para romper el orden y minimizar la autoridad. Estas personas retan y desobedecen la autoridad, creando el ambiente anárquico con el cual se sienten cómodas.

2. Modelo del mal uso de la autoridad: Autoritarismo

Aquí el problema no es ausencia de autoridad, el problema radica en usar mal la autoridad conferida. El autoritarismo ocurre cuando las personas en autoridad usan la misma para sus propios beneficios y sus agendas, en perjuicio de los demás y del equipo. Estas personas actúan al estilo de los emperadores romanos, de Jezabel y de Hitler. Se convierten en líderes tiranos, dictadores, que usan la autoridad para cohibir, manipular, intimidar y controlar. Los únicos que saben son ellos; lo que dicen es final; actúan unilateralmente; no permiten la participación ni la aportación de nadie más; no escuchan a nadie ni se sujetan a nadie y se establecen por encima de las reglas y normas. Tienden a ver a las personas como objetos o fichas de juego a su favor. Causan daño emocional y hasta físico en sus subalternos. Su liderato no está basado en su carácter, integridad o sus capacidades, sino en el mal uso de su poder. La gente les sigue, pero no por convicción ni por respeto, más bien lo hacen por miedo.

Muchas personas que han experimentado el mal uso de la autoridad de personas influyentes como padres, abuelos, tíos, esposos, maestros, policías y líderes espirituales adoptan dos posturas, a menos que experimenten sanidad.

a) Se colocan en una posición de sospecha ante toda autoridad con la que entren en contacto. Se les hace difícil confiar; más bien están a la defensiva y utilizan mecanismos de defensa para evitar pasar nuevamente por esas experiencias traumáticas.

b) Asumen el papel de víctima, una posición pasiva, sin criterios, sin lucha, aceptando de nuevo más experiencias de abuso y violencia (vulnerable), porque creen que es así como funciona la cosa. Casi siempre padecen de baja autoestima y tienden a relacionarse con personas abusivas. Aunque les duele y no les gusta, no saben cómo salir de esas relaciones abusivas.

3. Modelo del líder siervo

Estos son los que usan su posición y su autoridad conforme se estableció en Romanos 13:1-5, para el bien del equipo y el bienestar de las personas bajo su autoridad, en vez de usarlo sólo para su propio beneficio. Estos son líderes siervos conforme dice 1ra Pedro 5:2-3:

Apacentad la grey de Dios que está entre vosotros, cuidando de ella, no por fuerza, sino voluntariamente; no por ganancia deshonesta, sino con ánimo pronto. 3 no como teniendo señorío sobre los que están a vuestro cuidado, sino siendo ejemplos de la grey.

El líder siervo no ejerce su ministerio ni usa su posición de poder para imponerse a la grey como si fueran de su propiedad (señorío), sino que usa la posición de poder para tener cuidado de ellos. Trabaja de todo corazón, con sinceridad e integridad. Este líder siervo los respeta como seres humanos valiosos a todos los que están bajo su autoridad, cuenta con ellos y los apoya. Usa su autoridad para capacitar, inspirar, motivar, organizar, planificar, delegar, enseñar y corregir. Usa su autoridad y posición para impulsar la visión del equipo. Sabe que no es perfecto, sabe pedir disculpas, acepta sus errores y los enmienda. Jamás se intimida por su posición y sus implicaciones de tomar decisiones e implementar directrices, porque es una persona segura de sí misma. Es una persona de compromiso e integridad y por eso la visión del equipo avanza.

Si pasamos por alto los 4 principios de Romanos 13, es seguro que afectaremos nuestros equipos y no habrá sinergia. Debes tomar tiempo como líder, como miembro, como persona en autoridad y bajo autoridad, y como hijo de Dios para analizar tu entendimiento sobre la autoridad y como fluyes con ella, sea estando bajo autoridad o ejerciendo autoridad.

- ¿Cómo tu crianza en el hogar influyó en tu actual entendimiento de la autoridad?

- ¿Alguna persona de autoridad tuvo un efecto negativo en ti? ¿Has superado esa experiencia?

- ¿Has tenido modelos positivos de autoridad en tu vida? ¿Quiénes han sido? ¿Cómo te ha ayudado en tu vida a fluir con la autoridad en tu familia, trabajo e iglesia?

- ¿Con qué modelo fluyes más? ¿Por qué?

CONCLUSIÓN

Los tiempos que se avecinan serán cruciales para la iglesia que tome en serio su misión. El Señor está restaurando todas las cosas que el enemigo y el sistema religioso le robó a la iglesia por siglos. La iglesia de avanzada será aquella que reciba sin temor todo lo que está siendo restaurado. Esta restauración no se limita a los ministerios quíntuples, el ministerio total del Espíritu Santo, la paternidad, las finanzas del reino (economía sobrenatural) pero también la decisión y habilidad para operar como un gran equipo, de forma sinérgica.

Vendrá un tiempo de avance y efectividad cuando como iglesia podamos formar alianzas, asociaciones, integración con otras iglesias del Reino a nivel de la ciudad. Un tiempo de progreso cuando formemos nuevos sistemas de poder con otras iglesias para empujar la agenda del Reino. Cuando quede atrás la competencia, el individualismo, el protagonismo, el espíritu de independencia, y la deslealtad entre otras cosas.

Creo que necesitamos experimentar un avivamiento de unidad y acuerdo al estilo del

Salmo 133. Creo que necesitamos experimentar un avivamiento de la oración e intercesión en acuerdo, donde dos o más "iglesias" se ponen en acuerdo para orar al Padre. Creo que necesitamos experimentar un avivamiento en la guerra espiritual cuando pasemos de cinco a cien combatiendo las tinieblas, cuando pasemos de tener victoria de cien a miles. Creo que la sinergia a nivel de las ciudades traerá un impacto y progreso en la fe no antes visto.

Es tiempo de unidad, de integración, de reconciliación, de mentalidad de equipo donde sea el Señor que reciba la gloria y el pueblo la bendición.

Como decimos en IAR[3] Río Grande: Vamos por más porque dos son mejor que uno, y el esfuerzo combinado produce más que el esfuerzo individual.

La sinergia en la Biblia

Y dijo Jehová Dios: No es bueno que el hombre esté solo; le haré ayuda idónea para él.

(Génesis 1:18)

---

[3] Iglesia Apostólica Renovación

Y las manos de Moisés se cansaban; por lo que tomaron una piedra, y la pusieron debajo de él, y se sentó sobre ella; y Aarón y Hur sostenían sus manos, el uno de un lado y el otro de otro; así hubo en sus manos firmeza hasta que se puso el sol. Y Josué deshizo a Amalec y a su pueblo a filo de espada.

(Éxodo 17:8-13)

Cinco de vosotros perseguirán a ciento, y ciento de vosotros perseguirán a diez mil.

(Levítico 26:8)

Y arrojando piedras contra David, y contra todos los siervos del rey David; y todo el pueblo y todos los hombres valientes estaban a su derecha y a su izquierda.

(2 Samuel 16:6)

Entonces Jehová dijo a Moisés: Reúneme setenta varones de los ancianos de Israel, que tú sabes que son ancianos del pueblo y sus principales; y tráelos a la puerta del tabernáculo de reunión, y esperen allí contigo. Y yo descenderé y hablaré allí contigo, y tomaré del espíritu que está en ti, y pondré en ellos; y llevarán contigo la carga del pueblo, y no la llevarás tú solo.

(Números 11:16-17)

Mirad cuán bueno y cuán delicioso es, habitar los hermanos juntos en armonía porque allí envía Jehová bendición, y vida eterna.

(Salmo 133)

Desde aquel día la mitad de mis siervos trabajaba en la obra, y la otra mitad tenía lanzas, escudos, arcos y corazas; y detrás de ellos estaban los jefes de toda la casa de Judá. Los que edificaban en el muro, los que acarreaban, y los que cargaban, con una mano trabajaban en la obra, y en la otra tenían la espada.

(Nehemías 4:16-17)

Mejor son dos que uno; porque tienen mejor paga de su trabajo. Porque si cayeren, el uno levantará a su compañero; pero ¡ay del solo! que cuando cayere, no habrá segundo que lo levante. También si dos durmieren juntos, se calentarán mutuamente; mas ¿cómo se calentará uno solo? Y si alguno prevaleciere contra uno, dos le resistirán; y cordón de tres dobleces no se rompe pronto.

(Eclesiastés 4:9-12)

¿Andarán dos juntos, si no estuvieren de acuerdo?

(Amós 3:3)

*Otra vez os digo, que si dos de vosotros s**e pusieren de acuerdo** en la tierra (integración- sinergia) acerca de cualquiera cosa que pidieren, **les será hecho** por mi Padre que está en los cielos (resultado).*

(Mateo 18:19)

Entró Jesús otra vez en Capernaúm después de algunos días; y se oyó que estaba en casa. E inmediatamente se juntaron muchos, de manera que ya no cabían ni aun a la puerta; y les predicaba la palabra. Entonces vinieron a él unos trayendo un paralítico, que era cargado por cuatro.

(Marcos 2:1-2)

*Ellos, saliendo, predicaron en todas partes, **ayudándolos** el Señor y confirmando la palabra con las señales que la acompañaban.*

(Marcos 16:20)

Aconteció después, que Jesús iba por todas las ciudades y aldeas, predicando y anunciando el evangelio del reino de Dios, y los doce con él…

(Lucas 8:1)

Después de estas cosas, designó el Señor también a otros setenta, a quienes envió de dos en dos delante de él a toda ciudad y lugar adonde él había de ir.

(Lucas 10:1)

Saludad a Priscila y a Aquila, mis colaboradores en Cristo Jesús…

(Romanos 16:1)

Porque, así como el cuerpo es uno, y tiene muchos miembros, pero todos los miembros del cuerpo, siendo muchos, son un solo cuerpo, así también Cristo.

(1 Corintios 12:12)

Mas ahora Dios ha colocado los miembros cada uno de ellos en el cuerpo, como él quiso. Porque si todos fueran un solo miembro, ¿dónde estaría el cuerpo? Pero ahora son muchos los miembros, pero el cuerpo es uno solo.

(1 Corintios 12: 18-20)

Espero en el Señor Jesús enviaros pronto a Timoteo, para que yo también esté de buen ánimo al saber de vuestro estado; pues a ninguno tengo del mismo ánimo, y que tan sinceramente se interese por vosotros. Porque todos buscan lo suyo propio, no lo que es de Cristo Jesús. Pero ya conocéis los méritos de él, que como hijo a padre ha servido conmigo en el evangelio.

(Filipenses 2:19-22)

FRASES PODEROSAS SOBRE LA SINERGIA

Wayne Corderio, pastor

"Sinergia es el esfuerzo combinado que logra más que el esfuerzo individual."

John Maxwell, conferencista sobre liderazgo

"Ningún individuo solo ha hecho nada de valor. Realmente no existen los Rambos o los Llaneros Solitarios."

"Uno es demasiado pequeño para pretender hacer grandes cosas."

"Si reconocemos el valor de un equipo, entonces el próximo paso es ser mejores compañeros de equipo."

"Los jugadores ganan juegos y trofeos, los equipos ganan campeonatos."

Gene Wilkes, entrenador deportivo de éxito

"Los equipos, al involucrar más gente, producen más recursos, ideas y energía que una sola persona."

"Los equipos maximizan el potencial del líder y reducen sus debilidades, mientras que las debilidades se exponen más en los individuos."

"Los equipos proporcionan múltiples perspectivas sobre cómo resolver una necesidad o alcanzar una meta, proveyendo varias alternativas para cada situación."

"Los equipos comparten la victoria y asumen las culpas por las pérdidas."

Madre Teresa

"Usted puede hacer lo que no puedo hacer, yo puedo hacer lo que usted no puede, pero juntos podemos hacer grandes cosas."

Walt Disney

"Uno puede soñar, diseñar y construir el lugar más maravilloso del mundo, pero hace falta un equipo para que el sueño se convierta en realidad."

W. Wilson

"Para lograr mis metas, no solo debo usar mi cerebro, sino que debo buscar todos los cerebros prestados que sean posible."

BIBLIOGRAFÍA

Cordeiro, Wayne
Doing Church as a Team, Editorial Regan Ventura
California, p. 125

Haugh Kenneth C,
Los problemáticos, "Antagonistas en la iglesia"
Editorial Betania.

Maxwell John
Beyond Talent, Thomas Nelson, Nashville
Tennessee, 2007

Equipo 101, Editorial Betania, Miami Fl. 2009 pag.
21-21

Las 17 leyes incuestionables del trabajo en equipo,
Editorial Grupo Nelson, Nashville TN. pag. 97, 107

Las 21 cualidades indispensables de un líder, pag.
120, 131, 179

Desarrolle los líderes que están alrededor de usted,
Grupo Nelson, Nashville, TN, pag. 179.

Your Road Map for Success, Nelson Business, Nashville TN. pag. 25-29

Munroe, Myles
Los principios y el poder de la vision, Editorial Whitaker, New Kensigton PA,
p. 27

Moya, Tommy
Destinados para las alturas, Editorial Casa Creación, Lake Mary, FL p. 99

Marshall Shelley
Dragones bien intencionados, "Como ministrar a la gente problemática en la iglesia", Casa Bautista de Publicaciones.

Wagner, Peter
Terremoto en la Iglesia, Editorial Caribe, Nashville TN. Capítulo 4, pág. 83-105.

Warren, Rick
Iglesia con Propósito, Editorial Vida, Miami, Fl. pág. 101-115.

DATOS BIOGRÁFICOS

Apóstol Dr. Rafael Osorio Díaz

- Inicio el ministerio pastoral en el 1977.

- Casado con la apóstol Loyda Osorio desde el 1973.

- Padre de dos hijos (la pastora Idaelis casada con el pastor Lemuel y Rafael Luis (pastor principal Crossover Church Springfield, Ma. casado con la pastora y salmista Chaquira) Abuelo de 6 nietas: Kiana Liz, Victoria Eunice, Sofía Elizabeth, Aria Jael, Alexandria Karina y Aleena Lara.

- Apóstol, presidente fundador de RIAR
  Red internacional Apostólica Renovación con sede en Springfield, Ma. EE. UU. Ofrece cobertura alrededor de 30 iglesias en América del Sur, América Central, el Caribe y Norteamérica.

- Pastor principal IAR Río Grande, Puerto Rico (2016 al presente - 2020).

- Apóstol y pastor fundador IAR Springfield, Ma. EE. UU. (1988 -2016)

- Pastor Iglesia Bautista Medianía Alta, Loíza, P.R. (1979-1888)

- Pastor asociado Segunda Iglesia Bautista Loíza, P.R. (1977-1979)

- Maestro de Música: Banda Escuela Pública Loíza P.R. (1973-1979)

- Fundador y rector de U.A.R. (Universidad Apostólica Renovación) Centro de capacitación de líderes con diferentes campus en EE. UU., PR, RD, Perú, y Argentina.

- Presidente Editorial Renovación - UAR – Impresora de libros cristianos.

- Conferencista invitado a nivel internacional en países como los Estados Unidos de América, África, España, Costa Rica, Honduras, Argentina, Perú, República Dominicana y Puerto Rico.

- Graduado de la Universidad de Puerto Rico con un Bachillerato en Pedagogía y Artes con concentración en música.

- Maestría en divinidad del Seminario Evangélico de Puerto Rico.

- Estudios graduados de la Escuela Teología Andover- Newton en Boston Ma. (Supervisión de ministerios)

- Doctorado en ministerio en Visión - University Chicago, Illinois.

- Ha escrito muchos himnos de alabanza y adoración algunos de los cuales han sido grabados.

- Autor de varios libros cristianos sobre liderazgo, paternidad espiritual, adoración y el movimiento apostólico y profético.

Libros escritos por el Apóstol Dr. Osorio

Como águila seré

Moviéndonos a un nuevo nivel
(español e inglés)
Disponible en Amazon.com

8 principios poderosos para impulsar tu proyecto
(español e inglés)
Disponible en Amazon.com

Desatando el nuevo sonido de gloria
Disponible en Amazon.com

Sinergia: Haciendo Iglesia como equipo
Disponible en Amazon.com